KB043632

발터 벤야민: 1892-1940

WALTER BENJAMIN

발터 벤야민

1892-1940

P 필로소픽

WALTER BENJAMIN: 1892-1940 | 목차 |

1968년 한나 아렌트는 친구 발터 벤야민의 글을 추려
영어권에서는 최초로 『조명』이라는 제목으로 출간했
다.[1] 본서에 새로 번역되어 실린 아렌트의 「발터 벤야
민: 1892-1940」은 『조명』에 붙인 아렌트의 서론이
다. 이 서론은 또한 같은 해 출간된 아렌트의 『어두운
시대의 사람들』에 하나의 독립된 장으로 실렸다.[2] 그
리고 이 책은 1983년과 2010년 권영빈과 홍원표에
의해 번역되어 한국어로도 출판되었다.[3] 홍원표의 번
역은 증보된 형태로 최근에 다시 출간되었다.[4]

---

[1] Walter Benjamin, *Illuminations*, ed. Hannah Arendt and
    trans. Harry Zohn, New York: Harcourt, Brace & World,
    1968.

[2] Hannah Arendt, *Men in Dark Times*, New York: Harcourt,
    Brace & World, 1968, pp. 153-206.

[3] 한나 아렌트, 『어두운 시대의 사람들』, 권영빈 옮김, 문학과지
    성사, 1983; 홍원표 옮김, 인간사랑, 2010.

나는 이 영어본을 대본으로 삼아 「발터 벤야민」 초역을 마쳤다. 그러고 나서 그것을 홍원표의 것과 비교하여 읽었고, 이를 통해 내 번역에 있는 몇 가지 오류를 바로잡을 수 있었다. 이처럼 나는 후발 주자가 누릴 수 있는 이득을 챙길 수 있었다. 그렇지만 나의 번역은, 기존 번역을 바탕으로 이루어진 것은 아니고, 독자적으로 이루어졌다. 나는 나의 번역을 완결된 번역이라고 말할 수는 없는데, 그 이유는 조금 뒤에 밝힐 것이다.

번역 작업을 하면서 나는 또한 이미 한국어로 번역되어 있는 벤야민 선집 전 10권(도서출판 길)의 도움을 크게 받았다. 이 선집의 번역은, 완결된 번역이라고 볼 수는 없지만, 어느 정도의 수준을 담지하고 있었다. 벤야민이 수없이 인용되고 있는 글을 번역하는 사람에게 이 사실의 무게는 매우 크다. 아렌트는 본문에서 벤야민의 저작집 두 권(*Schriften* I, II)과 서간집 두 권(*Briefe* I, II)을 풍부하게 인용한다. 저작집은 한국어 선집에 해당 글이 있는 경우, 다음의 예처

---

4   한나 아렌트, 『어두운 시대의 사람들』, 홍원표 옮김, 한길사, 2019.

럼 원문의 출처 옆에 한국어 선집 권 번호와 쪽수를
병기했다.

(*Schriften* I, 650-52 / 『선집 3』, 148-51)

서간집은 아직 한국어로 번역되어 있지 않아 그렇
게 할 수 없었다. 대신 편지의 날짜와 수신자를 확인
하여 옮긴이주에 일일이 밝혀놓았다. 서간집은 영어
로 번역되어 있으므로, 혹시 영역본을 통해 벤야민
편지를 읽고자 하는 독자가 있다면 이 날짜와 수신
자가 도움이 될 것이다.

아렌트가 참조하는 여타 저자의 글들은 한국어
번역이 있는 경우 가능한 한 출처를 밝혀놓았다. 이
렇듯 기존 번역들을 참조하면서 필요할 때 번역을
수정한 경우가 종종 있었지만 이를 일일이 밝히지는
않았다.

초역이 끝났을 때, 나는 대본으로 삼은 영어본을
독일어본과 비교하는 작업을 시작했다. 처음에 이것
은 작은 작업이었다. 즉 영어본으로는 뜻이 불분명한
경우에 한해 독일어본을 참조하는 작업이었다. 그렇
지만 나는 곧 기계번역의 도움을 받아 두 판본을 좀

더 자유롭게 대조하는 작업을 하게 되었다. 그리고 그 대조의 결과가 나의 이 번역에 적지 않게 반영되어 있다. 그렇지만 독일어 독해에서 수월성에 도달하지 못한 내게 이 작업은 완결된 작업이라기보다는 힘겨우면서도 흥미로운 연구 작업에 가까웠다. 따라서 아렌트의 이 벤야민 글에 대한 완결된 번역 작업은 미래의 손에 남겨져 있을 것이다. 영어본과 독일어본은 내용적으로 적지 않은 차이가 있어 보이며, 따라서 두 판본의 전면적인 대조 작업만이 완결된 번역을 낳을 수 있을 것이다.

『조명』의 서문이자 『어두운 시대의 사람들』의 한 장에 불과하며 기존 번역이 있는 이 소품을 이제 그것만 따로 번역하여 출간하는 데는 변명이 필요해 보인다. 물론 아렌트와 벤야민의 이 조합이 아주 매력적인 조합이라는 점을 따로 설명할 필요는 없을 것이다. 이 글의 번역은 출판사의 제안으로 시작되었다. 출판사는 이 매력적인 글의 출간을 원했고, 이를 위해 번역자를 찾았다. 아렌트의 글을 하나라도 번역하는 게 늘 소원이었던 나는 뜻밖에 찾아온 행운을 붙잡았다. 그렇지만 이 번역은 나의 개인적 소원성취를 넘어 어떤 의미가 있을까? 이 질문에 나는 아렌트 저작 번역 상태의 전반적 심각성을 지적하고 싶다. 나는 학문적으로나 지성적으로 용인 가능한 수준에 이른 아렌트 번역서를 아직 접해본 적이 없다. 나는 이 심각성을 상세하게 밝히기보다는 나의 이 미완의 연구를 하나의 증언으로 제시하고자 한다. 번역은 기본적으로 정확한 독서에 바탕을 두어야 한다. 독서 실패는 엉뚱한 번역이나 얼버무림으로 이어지기 마련이다. 잘못된 번역은 언뜻 가독성을 높이는 것 같지만, 실은 아렌트 같은 일급 저자의 결코 손쉽게 읽어낼 수 없는 세밀한 생각들을 흐려놓는다. 나는 이 증언이 불화의 씨앗이 되기보다는 장차 좀 더 나은 아렌트 번역을 위한 촉매가 되었으면 한다.

*

텍스트 자체를 주시할 경우, 나는 두 가지에 눈길이 갔다. 하나는 아렌트가 벤야민의 독특한 사고방식으로 확인하고 있는 은유적 내지는 시적인 사고이며, 다른 하나는 아렌트가 예리하게 관찰하고 있는 벤야민의 위치다.

이 "위치"라는 단어는 「발터 벤야민」에서 적지 않

은 빈도로 등장한다. 벤야민의 운명과 긴밀하게 얽힌 그 위치는 처음에 별것 아닌 것처럼 보이다가 나중에는 결정적인 것으로 판명 난다. 처음에 그것은 현실 감각이라고는 없는 벤야민에게 주어지지 않은 어떤 현실적 위치처럼 보이다가 나중에는 누구보다도 현실을 직시하고 있는 벤야민에게 주어진 비현실적인 위치로 확인된다. 처음에 벤야민은 안전한 곳을 찾아 파리를 떠나 "전투 없는 전쟁 기간 동안 프랑스에서 심각하게 위험했던 바로 그 몇 안 되는 장소"(39쪽)로 향했지만, 나중에 그는 "위험을 무릅쓰고 그 시대의 가장 노출된 위치로 나아갔으며 고립이라는 충분한 대가를 치른 소수의 사람들"(108쪽) 중 한 명으로 판명 난다.

아렌트는 벤야민의 위치에 "문인homme de lettres"이라는 역사적 명칭을 부여하며, 이로써 벤야민을 몽테뉴, 파스칼, 몽테스키외의 반열에 올려놓는다. 그렇지만 이제 문인의 형상은 "너무나도 재앙적 방식으로 물질적 기반을 상실"(88쪽)한 형상이었고, 그렇기에 그 누구도, "시온주의자도 마르크스주의자도 그 위치의 특별한 전망이 무엇인지 알지 못했으며, 알 수도 없었을 것이다"(86쪽). 하지만 아렌트의 예리한 눈은 이 위치의 "특별한 전망"을 볼 수 있었다. "벤야민은 실제로 어디에도 존재하지 않았던 위치, 나중에 가서야 위치로서 확인되고 진단될 수 있었던 위치로 밀려 들어가게 되었다. 그것은 '돛대 꼭대기' 위치였다. 그곳에서는 휘몰아치는 시대 상황을 안전한 항구에서보다 더 잘 조망할 수 있었다"(75쪽).

우리는 누군가가 이런 위치가 마음에 들어 처음부터 일부러 그곳으로 들어갈 것이라고 상상하기는 힘들다. 벤야민은 그곳으로 "밀려 들어가게 되었다." 하지만 우리는 일단 그곳에 위치하여 그곳의 특별한 전망을 인지한 이상 그곳을 저버릴 수 없는 사람, 오히려 "위험을 무릅쓰고 그 시대의 가장 노출된 위치로 나아"가는 사람을 상상할 수는 있다. 그리고 바로 여기서 우리는 **위치의 윤리**를 읽어낼 수 있다. 벤야민에게는 바로 그러한 독특한 윤리가 작동하고 있었다. 그는 일단 그곳에 들어간 이상, 그곳을 안 이상, 그곳을 고수해야만 했다. 모스크바든 예루살렘이든 ─ 더 나아가 미국이든 ─ 거짓 구원을 선택할 경우 "그는 그 자신의 위치 ─ '이미 허물어지고 있는 돛대 꼭대

기' 혹은 '살아 있을 때 죽었으며 [잔해 가운데서] 진
정으로 살아남은 자' ― 가 갖는 긍정적 인지적 기회
들을 자신에게서 박탈하게 될 거라고 느꼈다. 그는
현실에 조응하는 필사적 상황에 터를 잡았다"(105쪽).

이미 허물어지고 있는 돛대 꼭대기가 "현실에 조
응하는" 위치라고 한다면, 그때 그 현실이란 도대체
어떤 현실일까? 아렌트는 그 현실을 "전통 붕괴"라고
불렀다. 전통 붕괴의 현실을 알아보는 것은 어쩌면
그렇게 어렵지 않은 일인지도 모른다. 그보다 훨씬
더 어려운 것은 그러한 현실에 조응하는 정확한 위치
를 알고 아무리 위태롭더라도 거기 서 있는 것이다.
정확한 위치의 고수가 얼마나 힘든 일인지를 우리는
벤야민 자신의 은유를 통해 알 수 있다. "우리는 과
거에 문의하기 위해서 현재를 두 뿔을 잡고서 견고
하게 붙잡아야 한다"(126쪽). 황소의 두 뿔을 붙잡고
있는 것은 허물어지고 있는 돛대 꼭대기에 서 있는
것만큼 어려운 일이다.

전통 붕괴를 직면하고 있었던 지식인으로는 벤야
민과 아렌트 말고 또 누가 있을까? 멀리 니체에게 가
볼 수도 있겠지만, 가깝게 미국의 닐 포스트먼을 떠

올려 볼 수도 있을 것이다. 포스트먼은 분명 자조적 농담으로 자위하면서 좋았던 옛날을 불러낸다.[5] 물론 포스트먼만큼이나 벤야민과 아렌트가 전통적 지식인이라는 것은 사실이다. "지난 30년은 새롭다고 불릴 수 있는 것을 거의 가져오지 않았다"(109쪽)라고 공언할 때, 아렌트는 단적으로 틀렸다. 아렌트는 인지과학의 초창기 형태, 즉 사이버네틱스와 직면하고 있었고, 그것의 새롭고도 긍정적인 인문학적, 문화적 함축을 전혀 상상할 수 없었다. 어쩌면 이는 전통 붕괴의 현실에 조응하는 위치를 고수한 바로 그 대가일지도 모른다. 그렇지만 벤야민과 아렌트는 좀 더 특별한 전통적 지식인이었으며, 그렇기에 다음과 같은 명료한 상황 인식을 가지고 있었다. "발터 벤야민은 그의 생애 중에 발생한 전통 붕괴와 권위 상실이 수선 불가능하다는 걸 알았으며, 과거를 다룰 새로운 방법을 발견해야 한다는 결론을 내렸다"(112쪽). 이는 물론 아렌트에게도 해당하는 말이다. 아렌트는 말년의 작업 『정신의 삶』에서 붕괴된 서양 철학의 파편

---

5 닐 포스트먼, 『테크노폴리』, 김균 옮김, 궁리, 2005.

더미를 뒤지며, "생각하기"라는 진주를 찾아내 우리에게 전해준다. 우리는 이 진주를 위치의 윤리가 선사한 값진 선물로 간주할 수 있을 것이다.

「발터 벤야민」에서 위치의 문제는 처음에 불분명해 보이다가 나중에 선명해진다. 반면에 처음에는 분명해 보이지만 점점 더 불분명하고 복잡해지는 은유의 문제가 있다.

「발터 벤야민」에서 아렌트는 친구 벤야민의 독특한 사고방식에 주목한다. 아렌트는 그것을 "시적인 사고" 내지는 "은유적 사고"라고 부른다. "벤야민에게서 그토록 이해하기 어려운 것은 그가 시인도 아니면서 **시적으로 생각했으며**, 따라서 은유를 언어의 가장 위대한 선물로 여길 수밖에 없었다는 것이다"(56쪽). 벤야민의 이와 같은 사고방식을 누구보다도 이해하기 어려웠던 사람 중 한 명은 아도르노였다. 그는 벤야민이 『사회연구지』에 기고한 보들레르 글을 "은유적"이라는 이유로 거부했다. 아렌트는 벤야민의 사고방식이 은유적이라는 아도르노의 판단에 전적으로 동의했다. "이와 같은 생각이 구속력 있는, 일반적으로 타당한 진술을 목표로 하지도 않았고 그런 진술에 도달할 수도 없었다는 것, 오히려 그런 진술이, 아도르노가 비판적으로 언급하듯, '은유적인 진술'로 대체되었다는 것 역시 분명하다"(54쪽). 그렇지만 아도르노와는 달리 아렌트는 이 은유적 사고를 거부하지 않았고 오히려 벤야민이 남기고 간 선물로 받아들였다. "가장 어두운 시대에도 우리는 어떤 조명을 기대할 권리를 갖는다."[6] 은유적 사고는 아렌트가 벤야민에게서 찾은 어두운 시대를 비추는 한 줄기 빛이었다.

「발터 벤야민」을 처음부터 끝까지 다 읽었을 때, 벤야민의 은유적 사고가 이 글의 "열쇠어" 중 하나라는 사실에는 이견의 여지가 없을 것이다. 앞서 인용한 내용 말고도, 이 글을 열면서 아렌트는 이렇게 말한다. "나는 그가 시적으로 생각했다는 것을 보여주려 할 것이[다]"(31쪽). 글을 닫으면서 아렌트는 또 이렇게 말한다. "이 모든 것은 … 결코 내가 앞서 언급한 것 이상을 말하지 않는다. 즉 우리가 여기서 유일무이하지는 않더라도 확실히 극도로 드문 어떤 것을 다루고 있다는 것. 그것은 바로 **시적으로 생각하**

---

6   한나 아렌트, 『어두운 시대의 사람들』, 홍원표 옮김, 한길사, 2019, 63쪽.

기라는 재능이다"(139쪽).

아렌트가 포착한 벤야민과 시인 브레히트의 관계는 우리로 하여금 시적인 사고의 사실이 갖는 무게를 온전하게 짊어지도록 촉구한다. 한편으로 벤야민의 친구 아도르노와 숄렘은 이 관계에 극도의 반감을 품고 있었다. "아도르노와 숄렘 둘 모두가 — 마르크스적 범주에 대한 벤야민의 명백히 비변증법적인 사용 때문에, 그리고 일체의 형이상학에 대한 그의 단호한 단절 때문에 — 브레히트의 '재앙적 영향'(숄렘)을 비난했다"(58쪽). 몇 년 전 번역되어 출간된 비치슬라의 『벤야민과 브레히트』 덕분에 우리는 이러한 반감을 좀 더 풍부하게 확인할 수 있다. 그곳에는 "훗날 남편이 될 아도르노의 반박이 녹아 있는" 그레텔 카르플루스의 편지가 실려 있다. "나로서는 네 안에 존재하는 **객관적인** 어떤 것을 수호해야 해. … 우리는 브레히트에 대해 거의 이야기를 나눠본 적이 없어. … 하지만 그에게 아주 큰 의구심을 품고 있어. … 나는 그에게서 자주 **명확성의 결여**를 느껴."[7]

---

7   에르트무트 비치슬라, 『벤야민과 브레히트』, 윤미애 옮김, 문학동네, 2015, 58쪽. 강조는 필자.

이 편지에서 카르플루스는 벤야민과 자신의 "우정 전체가 흔들릴 위험이 있음을" 알면서도 벤야민에게 브레히트와의 관계를 끊으라고 노골적으로 말하고 있다. 다른 한편으로 우리는 "벤야민의 친구들이 제기한 이의를 전형적으로 보여주는" 이 편지에서 "마르크스적 범주에 대한 벤야민의 명백히 비변증법적인 사용"(아도르노)이나 "일체의 형이상학에 대한 그의 단호한 단절"(숄렘) 같은 피상적이며 그렇기에 상반되어 보이는 근거를 넘어서는 무언가가 이 반감의 근저에서 작용하고 있다는 것을 짐작할 수 있다. 그것은 여기서 객관성을 해치는 무언가로서, 명확성의 결여로서 확인되고 있다. 우리는 아도르노에게서 이미 은유에 대한 반감이 구속력 있는 객관성의 결여에 대한 반감의 형태로 표출된 것을 보았다. 벤야민이 은유적으로 생각했다는 사실의 무게는 결코 가볍지가 않은데, 왜냐하면 현실을 정면으로 응시하는 방법이 이렇듯 객관성이나 명확성을 결여하고 있는 것으로 손쉽게 폄하될 수 있기 때문이다.

아렌트의 태도에서 새삼 놀라운 것은 벤야민과 브레히트의 관계를 아무런 반감 없이 받아들였다는 것이다. "벤야민과 브레히트의 우정을 한나 아렌트만큼 긍정적이고 낙관적으로 평가한 사람도 없다."[8] 더 나아가 아렌트는 이 관계의 특별함을 사람들이 알아차리지 못하는 것을 안타까워했다. "벤야민과 브레히트가 세상을 떠난 지 한참 지난 지금도 여전히 그들의 오래된 친구들이 이 만남의 특별함에 눈을 뜨지 못했다는 사실은 희한하면서도 안타까운 일이다."[9] 그렇지만 희한하면서도 안타까운 일은 또 있다. 그것은 바로 아렌트가 세상을 떠난 지 한참 지난 지금도 여전히 아렌트가 「발터 벤야민」에서 주제화한 이 은유적 사고의 특별함을 알아차린 사람이 없다는 사실이다. 물론 벤야민이 결코 포기하지 않은 브레히트와의 우정에 반감이 있었던 숄렘이나 아도르노를 말하는 게 아니다. 아렌트나 벤야민이나 브레히트의 작업을 이해하려고 했던, 즉 저 특별함을 알아차렸어야 했던 사람들조차도 그랬다.

　나는 아렌트의 「발터 벤야민」을 번역하면서 영-브륄의 『한나 아렌트 전기』를 읽었고, 아일런드와

8　같은 책, 79쪽.
9　같은 곳에서 재인용.

제닝스의 『발터 벤야민 평전』과 비치슬라의 『벤야민과 브레히트』를 읽었다. 그리고 놀랍게도 이 세 권의 책에서 벤야민의 은유적 사고나 그에 대한 아렌트의 관심이 전혀 다루어지지 않는다는 것을 알게되었다. 벤야민과 아렌트의 사상적 관계는 아주 가까웠으며, 벤야민처럼 아렌트도 은유적으로 사고했다: "아렌트는 시인이 아니었다. 하지만 아렌트가 시적으로, 특히 은유적으로 생각했다는 데는 의문의여지가 없다."[10] 또한 아렌트는 「발터 벤야민」 3절에서 벤야민의 방법을 설명하기 위해 사용한 진주 잠수부 은유(즉 에어리엘의 노래)를 『정신의 삶』 1권에서 바로 자신의 방법을 설명하기 위해 사용한다.[11] 그렇지만 아렌트 평전의 저자는 이 사실에 주목하지않았고, "은유적 사고"라는 개념에도 주목하지 않았다. 벤야민 평전의 저자들은 아렌트의 글 「발터 벤야민」을 읽었지만, 아렌트가 벤야민에게서 발견한 은

---

10 Martin Blumenthal-Barby, *Inconceivable Effects: Ethics through Twentieth-Century German Literature, Thought, and Film*, New York: Cornell University Press, 2013, p. 21.

11 한나 아렌트, 『정신의 삶』, 홍원표 옮김, 푸른숲, 2019, 323쪽.

유적 사고라는 "극도로 드문" 재능에 주목하지 않았다. 나는 『벤야민과 브레히트』에 마지막 희망을 걸었다. 왜냐하면 브레히트는 시인이고, 그렇다면 벤야민과 브레히트의 만남을 기록한 비치슬라의 책에 은유나 은유적 사고에 대한 언급이 있을지도 모르니까. 하지만 그런 언급은 전혀 없었다.

그렇지만 막상 아렌트의 벤야민 텍스트에서 은유적 사고를 이제 본격적으로 이론적으로 추출하려고 할 때 나는 큰 장애물이 있다는 것을 느꼈다. 아렌트는 은유를 가시적인 것을 통해 비가시적인 것을 이해하는 원초적인 사고 행위로 보며, 이를 통해 세계의 하나임이 실현된다고 말한다. 이는 『정신의 삶』에서 아렌트가 은유적 사고를 다룰 때 반복되는 내용이며, 그 자체로는 전혀 문제될 것이 없다. 세계의 하나임의 실현이 실천가들이 아니라 — 생각에 잠길 때 세계로부터 이탈한다는 느낌이 강한 — 사유가들, 철학자들에게 가장 큰 위안이 될 것이라는 사실을 제외하면 말이다. 그렇지만 아렌트가 인용의 수집 같은 벤야민 특유의 방법을 은유적 사고와 연동하는 것처럼 보이는 곳에서 나는 이해의 문제에서 큰 어

21

려움을 느끼지 않을 수 없었다. 그렇기에 아렌트가 전통적 지식인이 거부감을 갖는 은유적 사고를 올바로 끄집어내어 주제화하면서도 그 거부감을 달랠 수 있을 정도로 충분히 정교한 은유 이론을 내놓지는 않았다고 판단하지 않을 수 없었다. 아렌트에게는 분명 은유에 대한 깊은 통찰이 있었고 아렌트는 분명 은유적 사고를 붙잡았지만, 아직 온전히 전개된 은유 이론은 그녀에게 없었다. 그것은 미래의 몫이었다.[12]

*

나는 아렌트는 좋아하지만 벤야민은 좋아하기에는 아직 잘 모르는 상태에서 번역 일을 시작했다. 일이 끝나고 나는 벤야민도 좋아하게 되었다. 이 책의 출간은 내게 사중의 인연의 결과물이다. 출판을 제안한 필로소픽의 이은성 대표, 책을 만들어준 백수연,

---

12 인지과학의 발전은 아렌트 사후에 새로운 은유 이론으로 이어졌는데, 이 이론이 아렌트의 은유에 대한 통찰을 온전히 보존하고 있다는 사실은 지금에 와서 보면 놀라운 일이다. 이 새로운 이론에 대해서는 조지 레이코프와 마크 존슨의 『삶으로서의 은유』(노양진·나익주 옮김, 박이정, 2006)와 『몸의 철학』(임지룡 외 옮김, 박이정, 2002)을 볼 것.

구윤희 편집자, 그리고 이 인연을 마련해준 이원석 작가. 나는 이들 모두가 고맙고, 그렇기에 이 인연 자체에 특별함을 느낀다.

2020년 7월 6일

1. 꼽추

§

파마, 사람들이 무척이나 탐내는 저 여신은 수많은 얼굴을 가졌다.[1] 그리고 명성은 — 커버스토리의 일주일짜리 평판부터 길이 남을 이름의 영예에 이르기까지 — 수많은 유형과 크기로 찾아온다. 사후의 명성은 파마가 지닌 품목 가운데 좀 더 희귀하면서도 좀처럼 바라는 사람이 없는 것 중 하나다. 한낱 상품에 부여되는 일이 매우 드물기에, 다른 유형보다 덜 자의적이고 종종 더 견고함에도 불구하고 말이다. 가장 이익을 보는 사람이 죽어 있으므로 사후의 명성은 판매를 위한 게 아니다. 상업적이지 않고 이익이 되지도 않는 이와 같은 사후의 명성이 이제 독일에서 발터 벤야민의 이름과 저작을 찾아왔다. 히틀

---

[1] 그리스어 페메Pheme, 라틴어 파마Fama는 소문이나 평판의 여신이다.

러가 집권하고 그 자신 타국으로 이주하기 전까지 십 년이 좀 안 되게 신문 문예란과 잡지의 기고자로 알려져 있었지만 유명하지는 않았던 독일유대계 작가. 그가 1940년 초가을 날 죽음을 선택했을 때, 그의 이름을 아직도 알고 있는 사람은 거의 없었다. 벤야민과 출신과 세대가 같은 수많은 사람들에게 그 시기는 전쟁의 가장 어두운 순간을 의미했다. (프랑스는 함락되었고 영국은 위협받고 있었다. 히틀러-스탈린 조약은 아직 그대로였는데, 당시 이 조약의 가장 두려운 결과는 유럽의 가장 강력한 두 비밀경찰의 긴밀한 협조였다.) 십오 년 뒤 벤야민 저술이 두 권으로 편집되어 독일에서 출판되었다. 이는 거의 즉시 평단의 성공^{succés}

d'estime을 가져다주었는데, 이 성공은 그가 생전에 알았던 소수의 인정을 훨씬 뛰어넘는 것이었다. 한낱 평판은 아무리 높다 한들 가장 뛰어난 이들의 판단에 달려 있는 것이어서 작가와 예술가들이 생계를 유지하기에 결코 충분하지 못하고, 천문학적인 크기일 필요는 없는 다중의 증언인 명성만이 생계를 보장할 수 있기 때문에, 우리는 곱절로 (키케로처럼) 이렇게 말하고 싶어진다. "죽어서 승리를 거둔 사람들이

살아서 승리를 거두었다면si vivi vicissent qui morte vicerunt"[2] 모든 게 얼마나 달랐겠는가.

사후의 명성은 세상의 맹목이나 문학계의 타락을 탓하기에는 너무나도 기이한 것이다. 시대를 앞서간 사람들에 대한 쓰라린 보상이라고 — 마치 역사란 어떤 경주자들이 너무나도 빨리 달려서 관람자들의 시야에서 그냥 사라져버리는 경주 트랙인 양 — 말할 수도 없다. 오히려 사후의 명성에 앞서 보통 또래들 사이에서의 최고 인정이 있기 마련이다. 카프카가 1924년에 사망했을 때, 그가 출판한 몇 종 되지 않는 책들은 200권 이상 팔리지 못했다. 하지만 그의 문학 친구들과 그의 짧은 산문에(그의 장편소설은 아직 한 권도 출판되지 않았다) 거의 우연히 발부리가 걸린 소수의 독자들은 그가 근대 산문의 대가 중 한 명이라는 것을 의심의 여지 없이 확신했다. 발터 벤야민은 일찍이 그와 같은 인정을 얻었다. 젊은 시절부터 친구였던 게르하르트 숄렘과 처음이자 유일한 제자 테오도르 비젠그룬트 아도르노처럼 그 당시 이

---

2 키케로의 열네 편의 연설문을 담은 『필립포스 연설』 중 마지막 열네 번째 연설문의 마지막 문장.

름이 아직 알려지지 않은 사람들 사이에서만 인정을 받은 게 아니었다. (이 둘은 벤야민의 저작과 편지 사후 편집을 함께 책임진다.[11]) 즉각적이고 본능적이라고 말하고 싶은 인정을 해준 사람은 바로 1924년 괴테의 『친화력』에 대한 벤야민의 에세이를 출판해준 후고 폰 호프만슈탈, 그리고 베르톨트 브레히트였다. 브레히트는 벤야민의 죽음 소식을 들었을 때 그것이 히틀러가 독일문학에 끼친 최초의 실질적 손실이라고 말했다고 전해진다. 우리는 전혀 인정받지 못한 천재 같은 게 있는지, 아니면 그런 것은 천재가 아닌 자들의 백일몽인지 알 수 없다. 하지만 우리는 사후의 명성이 그런 자들의 몫이 되지는 않을 것임을 합리적으로 확신할 수 있다.

명성은 사회적 현상이다. (세네카가 현명하게 그리고 현학적으로 말하듯이) "명성을 위해서는 한 사람의 의견으로는 충분하지 않다ad gloriam non est satis unius opinio."[3] 우정이나 사랑을 위해서는 충분하겠지만 말이다. 그 어떤 사회도 분류 없이는, 사물과 사람을 계급이나

---

3   세네카, 『세네카 삶의 지혜를 위한 편지』, 김천운 옮김, 동서문화사, 2016, 471쪽.

정해진 유형 안에 배치하지 않고서는 제대로 기능할 수 없다. 이 필수적인 분류는 모든 사회적 구별을 위한 기초다. 그리고 평등이 정치적 영역의 구성요소인 것 못지않게 구별은, 오늘날 정반대 의견에도 불구하고, 사회적 영역의 구성요소다. 요점은 이렇다. 사회 안에서 모든 사람은 — 그는 **누구**인가라는 질문과 구분되는바 — 그는 **무엇**인가, 어느 것이 그의 역할과 그의 기능인가라는 질문에 대답해야만 한다. 물론 그 대답은 결코 "나는 유일무이하다"일 수 없는데, 함축된 오만 때문이 아니라 무의미할 것이기 때문이다. 벤야민의 경우, 문제는(문제가 그런 것이었다면) 돌이켜볼 때 대단히 정확하게 진단될 수 있다. 호프만슈탈은 전혀 알려지지 않은 이 저자의 긴 괴테 에세이를 읽고는 "전적으로 비교 불가능한 schlechthin unvergleichlich" 것이라고 불렀다. 그리고 문제는 그가 문자 그대로 옳았다는 것이다. 그것은 기존 문학의 다른 그 무엇과도 비교될 수 없었다. 벤야민이 집필한 모든 것에서 문제는 그것이 언제나 독보적인 것으로 판명이 났다는 것이다.

　그렇다면 사후의 명성은 분류될 수 없는 자들, 즉

그들의 작품이 기존 질서에 맞아 들어가지도 않고 미래의 분류에 적합한 새로운 장르를 도입하지도 않은 자들의 운명처럼 보인다. 카프카식으로 써보려는 수없이 많은 시도들은 죄다 참담히 실패했는데 다만 카프카의 유일무이함, 전임자를 추적해볼 수도 없고 후임자를 허용하지도 않는 절대적 독창성을 강조하는 데 도움이 될 뿐이었다. 그런 독창성은 사회가 좀처럼 받아들일 수 없는 것이다. 사회는 언제나 그런 것을 인정하기를 아주 꺼릴 것이다. 직설적으로 말해, 1924년에 카프카를 단편소설 작가나 소설가로 추천하면 오해의 소지가 있었을 것처럼, 오늘날 발터 벤야민을 문학비평가이자 에세이 작가로 추천한다면 오해의 소지가 있을 것이다. 벤야민의 작품과 저자로서의 벤야민을 우리의 통상적 준거틀 안에서 적절하게 묘사하려면, 아주 많은 부정 진술을 해야만 할 것이다. 이런 식으로 말이다: 학식이 대단했지만, 결코 학자가 아니었다. 주제는 텍스트와 텍스트 해석을 아우르지만 결코 문헌학자가 아니었다. 종교가 아니라 신학에, 그리고 텍스트 자체를 신성하게 여기는 신학적 유형의 해석에 크게 이끌렸지만, 결코 신학자가 아니었고 성경에 특별히 관심이 있지도 않았다. 타고난 작가였지만, 최대 야망은 전적으로 인용들로 이루어진 작품을 제작하는 것이었다. 프루스트를 (프란츠 헤셀과 함께) 번역하고 생존 페르스를 번역한 최초의 독일인이었고, 그 전에 보들레르의 『파리 풍경』을 번역했지만, 결코 번역가가 아니었다. 서평을 쓰고 생존 작가와 죽은 작가에 대한 여러 에세이를 썼지만, 결코 문학비평가가 아니었다. 독일 바로크에 관한 책을 한 권 썼고, 19세기 프랑스에 대한 엄청난 미완의 연구를 남겼지만, 문학이건 다른 쪽이건 결코 역사가가 아니었다. 나는 그가 시적으로 생각했다는 것을 보여주려 할 것이지만, 그는 시인도 철학자도 아니었다.

그렇지만, 자신이 하고 있는 일을 정의하고 싶어했던 드문 순간들에, 벤야민은 자신을 문학비평가로 생각했다. 그리고 그가 인생에서 어떤 위치를 열망했다고 조금이라도 말할 수 있다면, 그것은 (숄렘이 친구 벤야민에게 보내는 출판된 몇 안 되는 아주 아름다운 편지 중 하나에서 말했듯이) "독일문학의 유일한 진정한 비평가"였을 것이다.[4] 물론 그런 식으로 사회의 유용한 구성원이 된다는 바로 그 생각은 그에게 혐오감을 불러일으켰을 테지만, 의심의 여지 없이 그는 보들레르에게 동의했다. "유용한 사람이 된다는 것은 언제나 내게 아주 끔찍한 일처럼 보였다Être un homme utile m'a paru toujours quelque chose de bien hideux."[5] 『친화력』에 대한 에세이 도입부에서 벤야민은 자신이 문학비평가의 과제로 이해하고 있는 것을 설명했다. 그는 주해와 비평을 구분하는 것으로 시작한다. (따로 언급하지 않지만, 아마 의식하지 않았을 수도 있지만, 그는 통상적 용법으로 비평을 뜻하는 Kritik라는 용어를 칸트가 "순수이성비판"을 말하면서 이 용어를 사용한 방식으로 사용했다.)

비평은 예술작품의 진리내용을 추구하며, 주해는
작품의 사실내용을 추구한다. 둘 사이의 관계는

---

[4]   1930년 2월 20일, 숄렘이 벤야민에게. 벤야민은 같은 해 1월 20일 숄렘에게 보내는 편지에 "독일문학의 제일가는 비평가"가 되는 게 스스로 정한 목표라고 썼다. 각주 59 참조.

[5]   샤를 보들레르, 『벌거벗은 내 마음』, 이건수 옮김, 문학과지성사, 2001, 79쪽. 이 판본에서는 hideux(끔찍한)를 "훌륭한"으로 번역해놓았기에 정정해서 인용했다.

문학의 기본 법칙에 의해 규정되는데, 이 법칙에 따르면 한 작품의 진리내용은 작품의 사실내용에 더 눈에 띄지 않게, 그리고 더 내밀하게 결합되어 있을수록 의미심장하다. 따라서 작품의 진리가 사실내용 속에 가장 깊숙이 침전해 있는 작품이 지속성 있는 작품으로 입증된다면, 세월이 흘러가면서 사실자료들은, 세계 속에서 사멸해가면 갈수록, 작품 속에서 관찰자에게 그만큼 눈앞에 더 분명하게 드러나게 된다. 이로써 현상에 따라볼 때 사실내용과 진리내용은 작품의 초창기에는 하나로 합쳐져 있다가 그 작품이 지속되면서 서로 분리된다. 왜냐하면 사실내용이 눈에 띄게 드러난다면, 진리내용은 언제나 한결같이 은폐되어 있기 때문이다. 후세의 모든 비평가에게는 눈에 띄게 드러나고 낯설게 나타나는 것, 즉 사실내용의 해석이 점점 더 전제 조건이 된다. 우리는 그 비평가를 양피지를 앞에 둔 고문서학자에 비유할 수 있을 것이다. 양피지의 빛바랜 텍스트는 이 텍스트를 암시하는 강한 필치의 글씨 윤곽으로 덮여 있다. 고문서학자가 이 글씨를 해독하는 일부터 시작해야 하는 것처럼, 비평가도 주해에서 시작해야 할 것이다. 그리고 이로부터 단번에 귀중하기 이를 데 없는 판단 기준이 비평가에게 생겨난다. 이제야 비로소 비평가는 비평의 근본적 물음을, 즉 진리내용의 광채가 사실내용 덕택인지 아니면 사실내용의 생명이 진리내용 덕택인지를 물을 수 있다. 이러한 의미에서 작품들의 역사는 그것들의 비평을 준비하는 것이며, 그렇기 때문에 역사적 거리는 그것들의 위력을 증가시킨다. 비유를 위해, 어떤 자라나는 작품을 불타오르는 장작더미로 본다면, 그 앞에 주해자는 화학자처럼 서 있고, 비평가는 연금술사처럼 서 있다. 주해자에게는 나무와 재만이 분석의 대상으로 남아 있는 반면에, 비평가에게는 오로지 타오르는 불꽃 자체가 수수께끼를 간직하고 있다. 살아 있음의 수수께끼를. 그처럼 비평가는 진리를 묻는데, 이 진리의 살아 있는 불꽃은 존재했던 것의 무거운 장작더미와 체험된 것의 가벼운 재 위에서 계속 타오르고 있다.[6]

---

6 『괴테의 친화력: 발터 벤야민 선집 10』, 최성만 옮김, 길, 2012, 50-1쪽.

현실의 소용없는 요소들을 반짝이고 지속되는 진리의 황금으로 변화시키는 불분명한 기예를 실천하는, 혹은 오히려 그와 같은 마법의 변용을 초래하는 역사 과정을 지켜보면서 해석해내는, 연금술사로서의 비평가. 우리가 이 인물의 모습을 어떻게 생각하건, 그것은 한 작가를 문학비평가로 분류할 때 우리가 통상 염두에 두는 그 무엇에도 좀처럼 조응하지 않는다.

그렇지만, "죽어서 승리를 거둔" 사람들의 삶에는 분류될 수 없다는 단순한 사실보다 덜 객관적인 또 다른 요소가 연관되어 있다. 그것은 불운이라는 요소다. 벤야민의 삶에서 아주 현저한 이 요인은 여기서 무시될 수가 없다. 왜냐하면 그 자신이, 사후의 명성은 결코 생각하거나 꿈꾸지 않았어도, 불운은 그토록 이례적으로 의식하고 있었기 때문이다. 글에서도 대화에서도 그는 "꼽추 난쟁이 bucklicht Männlein"에 대해 말하곤 했는데, 꼽추 난쟁이는 유명한 민요집 『소년의 마적』에 나오는 독일 동화의 등장인물이다.

Will ich in mein' Keller gehn,

Will mein Weinlein zapfen;

Steht ein bucklicht Männlein da,

Tät mir'n Krug wegschnappen.

Will ich in mein Küchel gehn,

Will mein Süpplein kochen;

Steht ein bucklicht Männlein da,

Hat mein Töpflein brochen.

내가 지하실에 가려고 하면,

포도주를 좀 따르려 하면,

꼽추 난쟁이가 거기 서 있어,

내게서 단지를 빼앗으려 한다네.

내가 부엌에 가려고 하면,

나의 수프를 끓이려고 하면,

꼽추 난쟁이가 거기 서 있어,

나의 냄비를 깨뜨렸다네.

벤야민은 꼽추를 일찍부터 알았다. 꼽추를 처음 만난 건 아직 아이였을 때다. 그때 그는 이 시를 한 아동용 도서에서 발견했고, 절대 잊지 않았다. 하지만 오직 단 한 번, 죽음을 예상하면서 (「1900년경 베를린의 유년시절」 말미에서) "사람들이 임종을 앞둔 사람의 눈에 스쳐 지나간다고 이야기하는" 것처럼 그의 "전 생애"를 붙잡으려고 시도했으며, 인생에서 그토록 일찍 그를 공포에 사로잡히게 했고 죽을 때까지 그를 따라다닐 그것이 누구이고 무엇인지를 분명하게 진술했다. 그의 어머니는, 독일의 다른 수백만 어머니들처럼, 유년시절의 무수한 작은 재앙들이 생길 때마다 "엉망 씨가 안부를 전하네Ungeschickt lässt grüssen."라고 말하곤 했다. 그리고 그 아이는 물론 이 이상한 실수가 다 어떻게 된 일인지 알고 있었다. 어머니는 "꼽추 난쟁이" 이야기를 했다. 그 난쟁이는 물건들이 아이들에게 짓궂은 농간을 부리도록 했다. ─ 네가 넘어질 때는 바로 그 난쟁이가 걸려 넘어지게 한 거고, 물건이 산산조각 날 때는 바로 그 난쟁이가 네 손에 있는 물건을 친 거야. ─ 그 아이는 가고, 이제 아이가 아직 몰랐던 것을 아는, 즉 그가 (마치 두려움이 무엇인지 알고 싶어 하는 소년인 양) 쳐다봐서 "그 난쟁이"를 화나게 한 게 아니라, 그 꼽추가 그를 쳐다보고 있었고 그 실수는 불운이었다는 것을 아는 성인이 있다.

"꼽추 난쟁이가 쳐다보면 주의력을 잃는다. 자기 자신에 대해서도, 꼽추 난쟁이에 대해서도. 사람들은 파편더미 앞에서 당황해하며 서 있다"(*Schriften* I, 650-52 / 『선집 3』,[7] 148-51).

벤야민의 삶은, 최근에 두 권의 서간집이 출판된 덕분에 이제 큰 윤곽을 조망할 수 있는데, 정말 그와 같은 잔해더미의 연속이라고 말하고 싶어진다. 그리고 벤야민 자신이 그의 삶을 그런 식으로 보았다는 데는 의문의 여지가 없다. 하지만 문제의 요점은 그가 불가사의한 상호작용, "약점과 천재가 다만 하나인"[8] 곳을 아주 잘 알고 있었다는 것이다. 그는 이를 프루스트에게서 능수능란하게 진단해냈다. 즉 자크 리비에르가 프루스트에 대해 했던 말을 전적으로 동의하면서 인용할 때, 그는 물론 자기 자신에 대해서도 말하고 있었던 것이다. 프루스트는 "그에게 저작을 쓰게 만들어준 바로 그 경험 미숙으로 인해 죽었

---

7 『1900년경 베를린의 유년시절 / 베를린 연대기: 발터 벤야민 선집 3』, 윤미애 옮김, 길, 2007.
8 『서사·기억·비평의 자리: 발터 벤야민 선집 9』, 최성만 옮김, 길, 2012, 255쪽.

다. 그는 … 무지 때문에, … 불을 어떻게 지피고 창문을 어떻게 여는지 몰랐기 때문에 죽었다"(「프루스트의 이미지」).[9] 프루스트처럼 벤야민은 "그에게 파괴적으로 작용하게 된 삶의 조건들을" 전혀 변경할 줄 몰랐다. (몽유병자 같은 정확성으로,[10] 그의 어설픔은 예외 없이 그를 불운의 바로 그 중심으로, 혹은 그런 비슷한 것이 잠복해 있을지도 모르는 어딘가로 안내했다. 그리하여 1939-40년 겨울, 폭격의 위험 때문에 그는 더 안전한 곳을 찾아 파리를 떠나기로 결심했다. 그런데 파리에는 전혀 폭탄이 떨어지지 않았지만, 벤야민이 간 모Meaux는 병력 집결지였으며, 아마 그 전투 없는 전쟁 기간 동안 프랑스에서 심각하게 위험했던 바로 그 몇 안 되는 장소 중 하나였을 것이다.) 하지만 프루스트처럼, 그는 저주를 축복할 충분한 이유가 있었고, 유년시절의 기억을 마무리하는 민요 끝부분의 이상한 기도를 후렴처럼 되풀이할 충분한 이유가 있었다.

---

9   같은 책, 256쪽.
10 독일어에 있는 관용적 표현으로 '본능적인 정확성으로' 정도의 뜻을 갖는 표현이다.

Liebes Kindlein, ach, ich bitt,

Bet fürs bucklicht Männlein mit.

사랑하는 아이야, 아, 부탁이다,

꼽추 난쟁이를 위해서도 기도해주렴.

돌이켜보면, 업적, 위대한 재능, 서투름, 불운이 얽히고설킨 그물망, 그의 삶을 사로잡은 그물망은 심지어 작가로서 벤야민의 이력을 열어준 최초의 순수한 행운 속에서도 식별될 수가 있다. 친구의 주선으로 그는 「괴테의 친화력」을 호프만슈탈의 『신독일논집Neue Deutsche Beiträge』(1924-25)에 실을 수 있었다. 독일 산문의 걸작이자, 독일 문학비평이라는 일반 영역과 괴테 연구라는 특수 영역에서 여전히 유일무이한 위상을 갖는 걸작인 이 연구는 이미 몇 차례 거절당했고, 호프만슈탈의 열정적인 인정은 벤야민이 "그걸 팔아치우는" 일을 거의 체념하고 있을 때(*Briefe* I, 300)[11] 찾아왔다. 하지만 결정적인 불운이 있었다.

---

11 1923년 4월 2일, 플로렌스 크리스티안 랑에게.

아무래도 그가 알아차리지 못한 것 같은, 주어진 상황을 볼 때 이 기회와 필연적으로 연결되어 있었던 불운이. 이 최초의 공적인 돌파구가 가져다줄 수도 있었던 유일한 물질적 보장은 벤야민이 그 당시 준비하고 있었던 대학 경력의 첫 단계인 하빌리타치온이었다. 물론 이것으로는 생계를 꾸릴 수 없었을 것이다. 이른바 사강사는 봉급을 받지 못했다.[12] 하지만 사강사가 되면 십중팔구 그의 아버지는 그가 정교수직을 받을 때까지 그를 지원했을 것이다. 당시에 이는 일반적 관행이었기 때문이다. 한 비범하지 않은 대학교수의 지도하에 이루어진 하빌리타치온이 재앙으로 끝나게 되어 있었다는 것을 도대체 어떻게 그와 그의 친구들이 믿지 않을 수 있었는지는 지금에 와서는 이해하기 어려운 일이다. 나중에 그 양반들이 벤야민이 제출한 연구 『독일 비애극의 원천』의 단 한 단어도 이해하지 못했다고 선언했다 하더라도, 우리는 확실히 그들을 믿을 수 있을 것이다. "저

---

12 하빌리타치온Habilitation은 독일어권 국가에 있는 교수 자격 시험이다. 하빌리타치온 논문이 통과되면, 사강사Privatdozent 칭호가 주어진다.

술은 거의 대부분 인용들로 이루어져 있다. 상상할 수 있는 가장 모자이크적인 기법"이 최고의 자부심이었던 작가, 연구에 선행하는 여섯 개의 좌우명을 최고로 강조하는("아무도 … 더 값비싸고 희귀한 좌우명을 수집할 수는 없었어.") 작가를 그들이 어떻게 이해할 수 있었겠는가?(*Briefe* I, 366)[13] 이는 마치 진짜 대가가 어떤 둘도 없는 물건을 만들고는, 그걸 가장 가까운 균일가 매장에 판매를 위해 내놓은 것 같았다. 따라서, 반유대주의도, 외부인을 향한 악의도(벤야민은 전쟁 기간 동안 스위스에서 박사학위를 취득했으며 그 누구의 제자도 아니었다), 평범한 욕구라는 게 보증되어 있지 않은 일체의 것에 대한 학계의 관습적인 의심[14]도 개입되어 있지 않았다.

그렇지만 ─ 그리고 바로 여기서 실수와 불운이 끼어드는데 ─ 그 당시 독일에는 또 다른 길이 있었다. 그리고 대학 경력을 위한 유일한 기회를 망쳐놓은 것이 바로 괴테 에세이였다. 벤야민의 글이 종종

---

13 1924년 12월 22일, 숄렘에게.

14 학계는 평범하지 않은 욕구를 가진 사람을 의심한다는 의미(그렇기에 학생은 자신이 가진 욕구가 평범하다는 것을 보증해주어야 한다).

그렇듯이, 이 연구는 논쟁에 의해 고무되었다. 공격 대상은 프리드리히 군돌프의 괴테 책이었다. 벤야민의 비판은 결정적이었다. 하지만 벤야민은 "기성인들"보다는 슈테판 게오르게 서클의 군돌프와 여타 멤버들에게서 더 많은 이해를 기대할 수도 있었을 것이다. 그는 젊은 시절부터 이 집단의 지성적 세계에 친숙해 있었다. 그리고 그는 당시 학계에서 꽤 안정된 발판을 이제 막 마련하기 시작하고 있던 이 사람들 중 한 명의 지원하에 학계의 승인을 얻기 위해 아마 서클의 멤버가 될 필요까지는 없었을 것이다. 하지만 그 서클의 가장 저명하고 가장 유능한 학계 멤버를 그렇게나 맹렬하게 공격하는 일만은 하지 말았어야 했다. 그 결과 모든 사람이, 그가 나중에 회고하면서 설명했듯이, 벤야민 "군돌프나 베르트람 같은 이들이 세운 기념비만큼이나 … 학계와는 상관이 없다"(*Briefe* II, 523)[15]는 것을 알게 될 수밖에 없었다. 그래, 바로 그렇게 된 것이었다. 대학에 받아들여지기 전에 이를 세상에 선언한 것이 벤야민의

---

15 1931년 3월 7일, 막스 리히너에게.

실수 내지는 불운이었다.

하지만 우리는 분명 그가 마땅한 주의를 의식적으로 등한히 했다고 말할 수 없다. 반대로 그는 "엉망 씨가 안부를 전하네"를 알고 있었고, 내가 아는 다른 그 누구보다도 조심했다. 하지만 가능한 위험에 대한 그의 대비 체계는, 숄렘이 언급한 "중국식 예절"[2]을 포함해서, 예외 없이 이상하고도 불가사의한 방식으로 실제 위험을 무시했다. 전쟁 초기에 안전한 파리에서 위험한 모로 — 말하자면, 최전선으로 — 도망갔던 것처럼, 괴테 에세이는 벤야민에게 전적으로 불필요한 걱정을 불러일으켰는데, 호프만슈탈이 그의 정기 간행물의 주요 기고자 중 한 명인 루돌프 보르하르트에 대한 자신의 아주 조심스러운 비판적 언급을 불쾌하게 여길지도 모른다는 것이었다. 하지만 그는 이 "게오르게 학파의 이데올로기에 대한 공격"에서 "그들이 욕설을 무시하는 게 힘들다고 생각할 이 한 곳"을 찾아내고는 다만 좋은 일만을 기대했다(*Briefe* I, 341).[16] 그들은 전혀 힘들다고 생각하지

---

16 1924년 3월 5일, 숄렘에게.

않았다. 벤야민보다 더 고립된, 그야말로 홀로인 사람은 없었으니까. 벤야민이 처음으로 행복에 겨워 "새로운 후원자"(*Briefe* I, 327)[17]라고 불렀던 호프만 슈탈의 권위도 이 상황을 바꿀 수는 없었다. 그의 목소리는 게오르게 학파의 아주 실질적인 권력과 비교해 그다지 중요하지 않았다. 이 학파는 영향력이 큰 집단이었고, 그런 존재들이 모두 그렇듯 그 안에서는 이데올로기적 충성만이 중요했다. 왜냐하면 등급과 품성이 아니라 이데올로기만이 집단을 묶어줄 수 있기 때문이다. 게오르게의 제자들은, 정치에 초연한 듯한 태도에도 불구하고, 문학계의 권모술수의 기본 원리에 정통해 있었다. 교수들이 학계 정치의 기본에 정통해 있듯, 혹은 글쟁이와 저널리스트들이 "오는 정이 있어야 가는 정이 있다"의 ABC에 정통해 있듯.

그렇지만 벤야민은 사정을 알지 못했다. 그는 그런 일들을 어떻게 다룰지 전혀 알지 못했으며, 그런 사람들과 전혀 어울릴 수 없었다. "때로는 늑대들처

---

17 1924년 1월 10일, 플로렌스 크리스티안 랑에게.

럼 사방에서 몰려오는 외부생활의 역경들"(*Briefe* I, 298)[18]이 이미 그에게 세상 물정에 대한 통찰을 얼마간 제공했음에도 불구하고 말이다. 여하간 발 디딜 어떤 확고한 기반을 얻기 위해 적응하고 협조하려고 노력할 때마다, 일은 반드시 잘못되었다.

마르크스주의 관점에서 쓴 — 그는 1920대 중반에 공산당에 거의 합류할 뻔했는데 — 중요한 괴테 연구는 원래 실릴 예정이었던 『러시아 대백과사전』에도, 오늘날의 독일에서도, 결코 인쇄되어 나오지 않았다.[19] 정기간행물 『수집Die Sammlung』에 브레히트의 『서푼짜리 소설』 서평을 의뢰했던 클라우스 만은 원고를 되돌려주었다. 벤야민이 원고료로 250프랑스 프랑을 — 그 당시로 약 10달러를 — 요구했는데, 만은 단지 150프랑만 지급하려 했기 때문이다. 브레히트의 시에 대한 벤야민의 해설은 생전에 나오지 못했다. 그리고 가장 심각한 곤란이 마침내 사회연

---

18 1923년 2월 24일, 플로렌스 크리스티안 랑에게.

19 이 글은 『선집 10』의 부록 「괴테(백과사전 항목)」로 실려 있다. 옮긴이 말(36-7쪽)에 이 글과 관련된 정황이 설명되어 있다.

구소와의 관계에서 생겨났다. 사회연구소는 원래 (그리고 지금 다시) 프랑크푸르트 대학교의 일부인데, 미국으로 옮긴 상태였고 벤야민은 이 연구소에 재정적으로 의지하고 있었다. 연구소의 정신적 지도자 테오도르 W. 아도르노와 막스 호르크하이머는 "변증법적 유물론자"였다. 그들이 보기에 벤야민의 사유는 "비변증법적"이었다. "마르크스주의적 범주들과 전혀 일치하지 않는 유물론적 범주" 안에서 움직였으며, 보들레르 에세이에서는 "상부구조 안의 어떤 눈에 띄는 요소들을 … 직접적으로, 그리고 어쩌면 심지어 인과관계적으로 하부구조의 조응 요소들에" 연결하는 한에서 "매개를 결여하고" 있었다.[20] 그결과 벤야민의 「보들레르의 작품에 나타난 제2제정기의 파리」는 그 당시 연구소의 잡지에 실리지 않았고, 사후에 그의 글을 묶은 두 권짜리 선집에도 실리지 않았다. (현재 이 글의 두 절이 출간되었다. 1967년 12월 『신동향 Die Neue Rundschau』지에 「소요객」, 그리고 1968년

---

20 1938년 11월 10일, 아도르노가 벤야민에게 보내는 편지. 이 편지는 조르조 아감벤의 『유아기와 역사』(조효원 옮김, 새물결, 2010)에 번역되어 실려 있다.

3월 『논변Das Argument』지에 「근대성」)

벤야민은 분명 마르크스주의 운동이 지금까지 낳은 가장 특이한 마르크스주의자였을 것이다. 이 운동도, 누가 알겠느냐마는, 기이함이 없지는 않았다. 벤야민이 매혹될 수밖에 없었던 이론적 측면은 상부구조라는 학설이었다. 그것은 마르크스에 의해 간략하게 스케치되었을 뿐이었다. 하지만 그러고 나서, 이 교설은 불균형적으로 많은 수의 지식인들, 즉 오로지 상부구조에만 관심이 있는 사람들이 합류하면서, 운동에서 불균형적인 역할을 하게 되었다. 벤야민은 이 교리를 발견적-방법론적 자극으로만 사용했으며, 그것의 역사적 내지 철학적 배경에는 거의 관심이 없었다. 이 문제에서 그를 매혹한 것은 정신과 정신의 물질적 현시가 너무나도 내밀하게 연결되어 있어서 모든 곳에서 보들레르의 "조응correspondances"[21]을 발견하는 게 허용되는 것처럼 보인다는 것이었다. 조응은 그 둘이 적절히 상호 연관되어 있다면 서로를 명백하

---

21 조응 개념에 대해서는 『보들레르의 작품에 나타난 제2제정기의 파리 / 보들레르의 몇 가지 모티프에 관하여 외: 발터 벤야민 선집 4』, 김영옥·황현산 옮김, 길, 2010, 226-32쪽을 볼 것.

게 해주고 비추어주며, 그리하여 마침내 그것들은 그 어떤 해석적 내지는 설명적 주석도 더 이상 요구하지 않을 것이다. 벤야민은 어떤 거리 풍경, 주식 거래소의 어떤 투기, 어떤 시, 어떤 사유 사이의 상관관계에, 그것들을 묶어주고 역사가나 문헌학자가 그것들 모두가 같은 시기에 배치되어야 한다는 것을 인지할 수 있게 해주는 숨겨진 선에 관심이 있었다. 벤야민의 "휘둥그레 놀란 사실성 제시"(*Briefe* II, 793)[22]를 비판했을 때,[23] 아도르노는 정곡을 찔렀다. 바로 이것이 벤야민이 하고 있었던 것이고 하고자 했던 것이다. 그것은, 초현실주의에 강한 영향을 받기는 했지만, "현실의 가장 초라한 응고들, 말하자면 현실의 폐물들 속에서 역사의 상을 붙잡으려는 시도"(*Briefe* II, 685)[24] 였다. 벤야민은 작은 것들, 심지어 극미한 것들에 대한 열정이 있었다. 숄렘은 보통의 노트 한 면에 백 개

---

[22] 1938년 12월 9일, 아도르노에게.

[23] 가끔 놀라운 일을 접할 때가 있다. 가령 아침에 일어나 보니 집 앞에 곰이 나타난다면, 휘둥그레 놀란 사람은 이 사실을 다른 사람에게 알리기에 급급하다. 어떻게 된 일인지 알아보지도 않고 사실임을 알리는 데 급급한 것이다. 아도르노는 벤야민이 그러고 있다고 비판한 것이다.

[24] 1935년 8월 9일, 숄렘에게.

의 행을 적으려는 그의 야망에 대해, 그리고 파리의 클뤼니 중세 박물관 유대교 구역에서 "동류의 영혼을 가진 자가 셰마 이스라엘Shema Israel[25] 전체를 새겨놓은" 두 개의 밀알을 보고 경탄했던 일을 이야기한다.[3] 그에게 대상의 크기는 대상의 의미와 반비례했다. 그리고 이 열정은, 기분이 아니라 그에게 결정적 영향을 미친 유일한 세계관으로부터, 원현상Urphänomen의 사실적 실존에 대한 괴테의 확신으로부터 직접 유래한 것이었다.[26] 원현상이란 현상들의 세계 안에서 발견되어야 할, "의미Bedeutung"(단어들 가운데 가장 괴테적인 이 단어는 벤야민의 저술에서 계속해서 반복된다)와 현상, 말과 사물, 관념과 경험이 일치하게 될 구체적 사물을 말한다. 대상이 작을수록 더, 다른 모든 것을 가장 집중된 형태로 담을 수 있을 것처럼 보였다. 그렇기에 두 개의 밀알이 유대교의 바로 그 정수인 셰마 이스라엘을 담고 있다는 것에 크게 기뻐한 것이다.

---

25 '이스라엘아 들어라'라는 뜻으로 〈신명기〉 6장 4절에 나오며, 그 뒤로 이어지는 내용을 일컫는 말이다.

26 이에 대해서는 수잔 벅 모스, 『발터 벤야민과 아케이드 프로젝트』, 김정아 옮김, 문학동네, 2004, 101-5쪽 참조.

가장 작은 정수가 가장 작은 존재물 위에 나타나는데, 두 경우 모두 다른 모든 것은 이 존재물로부터 기원하며, 그렇지만 그것의 농축된 의미를 따라잡을 수는 없다. 다시 말해서, 처음부터 벤야민을 깊이 매혹한 것은 결코 관념이 아니었다. 언제나 현상이었다. "아름답다고 칭해질 만한 근거가 있는 모든 것이 지닌 역설은 그것이 나타난다는 것이다"(*Schriften* I, 349 / 『선집 1』,[27] 115). 그리고 이 역설은 ─ 혹은 더 간단히, 나타남의 경이는 ─ 언제나 그의 모든 관심의 중심에 있었다.

이러한 연구들[28]이 마르크스주의와 변증법적 유물론과 얼마나 무관한 것인지는 그 연구들의 중심 형상인 소요객*flâneur*을 통해 확인된다.[4][29] 소요객은 대

---

27 『일방통행로 / 사유이미지: 발터 벤야민 선집 1』, 최성만·김영옥·윤미애 옮김, 길, 2007.

28 독일어본에는 이 문장 앞에 다음과 같은 구절이 있다: "따라서 벤야민이 철학을 단념하게 만든 것은 마르크스주의가 아니었다. 그는 기본적으로 『괴테의 친화력』과 『독일 비애극의 원천』 서문에서 취한 입장을 결코 포기하지 않았다. 가령 1938년 그는 보들레르 작업의 구성이 '『괴테의 친화력』을 모델로 삼을 것이다'라고 쓴다." 계속해서 독일어본은 "이러한 연구들" 대신 "그의 후기 작업들"이라고 지칭한다. 물론 이 작업은 보들레르 작업을 말한다.

29 아렌트는 이 부분에서 보들레르의 *Le Peintre de la vie moderne* 을 참조하고 있다. 이 책의 국역본은 『현대의 삶을 그리는 화가』,

도시 군중의 서두르는 목적 있는 활동과 일부러 대조를 이루면서 군중 속을 목적 없이 거닌다. 바로 그 소요객에게 사물들은 은밀한 의미 속에서 자신을 드러낸다. "과거의 진정한 이미지는 **휙** 스쳐간다"(「역사철학테제」).[30] 그리고 한가하게 거닐며 지나가는 소요객만이 메시지를 수신한다.[31] 대단히 예리하게 아도르노는 벤야민에게 있는 정적인 요소를 지적했다. "벤야민을 올바로 이해하기 위해서는, 그의 모든 문장 이면에서 극단적인 동요가 어떤 정적인 것으로 전환되는 것을, 실로 운동 그 자체의 정적인 관념을 느껴야만 한다"(*Schriften* I, xix). 당연히, (「역사철학테제」 중 9번에 나오는) "역사의 천사"가 변증법적으로 미래 쪽으로 전진하지 않고 얼굴을 "과거 쪽으로 돌리는" 이러한 태도보다 더 "비변증법"인 것은

정혜용 옮김, 은행나무, 2014. "flâneur"를 "소요객"이라고 옮긴 것은 보들레르 번역자 정혜용의 제안(「옮긴이의 글」)을 따른 것이다.

30 「역사철학테제」의 테제 5.

31 이 부분의 독일어본은 이렇다: "… 바로 그 소요객에게 사물들은 은밀한 의미 속에서 자신을 드러낸다. 그 의미에 접하여 '과거의 진정한 이미지는 휙 스쳐[가며]', 휙 스침을 당한 자는 기억 속에서 그 의미를 자기에게로 소집한다."

있을 수 없을 것이다. "우리 앞에서 일련의 사건들이 나타나는 바로 그곳에서 **그**는 잔해 위에 또 잔해를 쉼 없이 쌓이게 하고 또 이 잔해를 발 앞에 내팽개치는 단 하나의 파국을 본다. 천사는 머물고 싶어 하고, 죽은 자들을 불러 일깨우고, 또 산산이 부서진 것을 모아서 다시 결합하고 싶어 한다." (이는 아마 역사의 종언을 의미할 것이다.) "그러나 천국으로부터 폭풍이 불어오고 있고 … 그가 등을 돌리고 있는 미래 쪽을 향하여 간단없이 그를 떠밀고 있으며, 반면 그의 앞에 쌓이는 잔해더미는 하늘까지 치솟고 있다. 우리가 진보라고 일컫는 것은 이 폭풍을 두고 하는 말이다." 벤야민이 클레의 「새로운 천사」에서 본 이 천사에서, 소요객은 최후의 변용transfiguration을 이룬다. 즉 소요객이 목적 없는 거닐기 동작을 통해 군중에 의해 떠밀리고 휩쓸리면서도 군중에게 등을 돌리듯이, 광활한 과거의 폐허 말고는 아무것도 보지 않는 "역사의 천사"는 진보의 폭풍에 의해 미래 쪽으로 떠밀리고 있다. 이러한 생각이 일관되고 변증법적으로 이해 가능한, 합리적으로 설명될 수 있는 과정에 조금이라도 신경 썼을 거라는 건 터무니없어 보인다.

이와 같은 생각이 구속력 있는, 일반적으로 타당한 진술을 목표로 하지도 않았고 그런 진술에 도달할 수도 없었다는 것, 오히려 그런 진술이 아도르노가 비판적으로 언급하듯 "은유적인 진술"로 대체되었다는 것 역시 분명하다(*Briefe* II, 785).[32] 벤야민은 직접적으로, 실제로 보여줄 수 있는 구체적 사실들, 명시적 "의미"를 갖는 개별 사건들에 관심을 두면서, 상상할 수 있는 가장 정확한 형태를 직접 띠고 있지 않은 이론이나 "관념"에는 그다지 관심이 없었다. 이렇듯 아주 복잡하지만 여전히 고도로 현실주의적인 사고방식에서, 상부구조와 하부구조 사이의 마르크스적 관계는 정확한 의미에서 은유적 관계가 되었다. 예를 들어 — 그리고 이는 분명 벤야민의 사유의 정신을 따르는 것일 터인데 — Vernunft(이성)라는 추상적 개념을 vernehmen(지각하다, 듣다)이라는 동사로 그 기원까지 거슬러 추적한다면, 상부구조 영역에서 온 단어에 감각적 하부구조가 주어진 것이라고 생각할 수 있을 것이다. 혹은 역으로, 어떤 개념

---

32 1938년 11월 10일, 아도르노가 벤야민에게.

이 — "은유metaphor"가 metapherein(옮기다)이라는 기원적, 비알레고리적 의미로 이해되는 한에서 — 은유로 변형된 것이라고 생각할 수 있을 것이다. 은유는 직접성 안에서 감각적으로 지각되고 아무런 해석도 요구하지 않는 연관을 확립하니까. 반면에 알레고리는 언제나 추상적 개념으로부터 나아간 다음 그 개념을 거의 자의적으로 재현할 구체적인 어떤 것을 고안하려고 하는 것이다. 그렇기에 알레고리는 유의미해지려면 우선 해석되어야만 한다. 그것이 제시하는 수수께끼의 해답이 발견되어야만 한다. 그렇기에 알레고리적 형상들에 대한 종종 수고스럽기도 한 그 해석은 — 해골이 죽음을 알레고리적으로 재현하는 경우에 요구되는 것 이상으로 기발함이 요구되지 않을 때조차 — 불행히도 수수께끼 풀이를 상기시킨다. 호메로스 이래로, 은유는 실제로 인식을 운반하는 시적인 요소이다. 은유의 도움으로, 감각적으로 가장 동떨어진 것들이 가장 정확한 **조응**을 이루게 된다. 『일리아스』에서 아카이오이족 사람들의 가슴에 사무치는 두려움과 슬픔의 쥐어뜯는 맹습이, 어두운 바다에 휘몰아치는 북풍과 서풍의 합동 맹습에 조응할 때처럼(『일리아스』 IX, 1-8). 혹은 백성들의 대열이 잇달아 쉼 없이 싸움터로 몰려가는 모습이 서풍에 내몰려 먼바다에서 고개를 들기 시작하더니 어느새 뭍으로 와 부서지며 벽력같은 소리를 내는 긴 파도에 조응할 때처럼(『일리아스』 IV, 422-28). 은유는 세계의 하나임이 시적으로 실현되는 수단이다. 벤야민에게서 그토록 이해하기 어려운 것은 그가 시인도 아니면서 **시적으로 생각했으며**, 따라서 은유를 언어의 가장 위대한 선물로 여길 수밖에 없었다는 것이다. 언어적 "옮김"은 비가시적인 것에 물질적 형태를 부여할 수 있게 해주며("우리의 신은 강한 성채다"[33]), 그리하여 비가시적인 것이 경험 가능한 것이 되게 해준다. 벤야민은 상부구조 이론을 은유적 사고의 최종 교리로 이해하는 데 아무런 어려움도 없었다. 법석을 떨지 않고서도, 일체의 "매개들"을 피하면서도, 상부구조를 이른바 "물질적" 하부구조에 직접 연결했기 때문이다. 하부구조란 그에게 감각적으로 경험된 소여所與의 총체를 의미했다. 그는 분명 다른 사람들이

---

33 종교개혁가 마르틴 루터가 작사, 작곡한 유명한 찬송가(한국 제목은 "내 주는 강한 성이요").

"속류 마르크스주의적" 내지는 "비변증법적" 사고라고 낙인찍은 바로 그것에 매혹되었다.

벤야민은 철학자가 아니라 시인 괴테를 통해서 정신적 실존이 형성되고 고취되었으며, 또한 철학을 공부하긴 했어도 거의 전적으로 시인과 소설가들에게 자극을 받았다. 그는 (변증법적 유형이건 형이상학적 유형이건) 이론가들보다는 시인들과 소통하는 게 더 쉬웠을 것이다. 그리고 브레히트와의 우정이 — 살아있는 가장 위대한 독일 시인이 여기서 당대의 가장 중요한 비평가를 만났다는 점에서 유일무이한 것이었고, 이는 둘 다 충분히 알고 있는 사실이었는데 — 벤야민의 삶에서 두 번째이자, 비할 데 없이 중요한 행운이었다는 것은 의문의 여지가 없다. 이는 즉각 가장 부정적인 결과를 가져왔는데, 그의 몇 안 되는 친구들에게 반감을 불러일으켰으며, 사회연구소와의 관계를 위태롭게 만들었다. 벤야민은 연구소의 "제안"에 "순응해야"(*Briefe* II, 683)[34] 할 충분한 이유가 있었다. 그리고 이로 인해 숄렘과의 우정이 깨

---

34 1935년 8월 9일, 숄렘에게.

지지 않은 것은 다만 친구 벤야민과 관련된 모든 문제에 대한 숄렘의 변치 않는 충실함과 감탄스러운 관대함 덕분이었다. 아도르노와 숄렘 둘 모두가 — 마르크스적 범주에 대한 벤야민의 명백히 비변증법적인 사용 때문에, 그리고 일체의 형이상학에 대한 그의 단호한 단절 때문에 — 브레히트의 "재앙적 영향"(숄렘)을 비난했다.[5] 그리고 문제는 이런 것이었다. 즉 평소에는 대부분 불필요한 타협이긴 해도 타협을 하는 경향이 꽤나 있었던 벤야민은 브레히트와의 우정이 순응에 있어서만이 아니라 외교술에 있어서도 절대적 제한이 된다는 것을 알고 있었고 또 그렇다고 주장했다. "브레히트의 생산물에 대한 동의는 나의 전체 입장에서 가장 중요하고 가장 전략적인 지점 중 하나야"(*Briefe* II, 594).[35] 브레히트에게서 그는 드문 지성적 역량을 가진 시인을 발견했다. 또한 — 당시 그에게 거의 이와 마찬가지로 중요했는데 — 변증법에 대한 온갖 이야기에도 불구하고 자신과 마찬가지로 변증법적 사유가가 아니었던, 지성

---

35 1933년 10월 20일, 키티 마르크스-슈타인슈나이더에게.

이 현실에 굉장히 가까웠던 인물을 발견했다. 브레히트와 함께 벤야민은 브레히트 자신이 "투박한 사고das plumpe Denken"라고 부른 것을 실행할 수 있었다. 브레히트는 "주된 것은 투박하게 생각하는 법을 배우는 것이다. 투박한 사고, 그것은 위대한 자들의 사고다"라고 말했다.[36] 그리고 벤야민은 해명 삼아 이렇게 덧붙였다. "변증가를 섬세함의 애호가로 이해하는 사람들이 많다. … 오히려 투박한 사고는 바로 변증법적 사고를 꾸려가는 데 마땅히 요구되는데, 왜냐하면 투박한 사고란 이론을 실천에 지정하는 것에 다름없기 때문이다. … 사고가 행위 속에서 진가를 발휘하려면 투박해야만 한다."[6] 그런데, 벤야민을 투박한 사고로 끌어당긴 것은 십중팔구 실천에 지정한다는 게 아니라 현실에 지정한다는 것이었을 것이다. 그리고 그에게 이 현실은 일상 언어의 속담과 관용구에서 가장 직접적으로 드러난다. "속담은 투박한 사고의 학교다"라고 그는 같은 맥락에서 말한다. 그리고 속담이나 관용구의 말을 문자 그대로

---

36 브레히트, 『서푼짜리 소설』, 2권 9장.

취하는 기예를 통해 벤야민은 — 상투적인 말이 종종 영감의 원천으로 분명하게 식별되고, 또 수많은 "수수께끼"의 열쇠를 제공하는 카프카가 그랬듯 — 그토록 특이하게 매혹하면서도 매혹당한 현실과 밀접한 산문을 쓸 수 있었다.

벤야민의 삶에서 어디를 들여다보건 꼽추 난쟁이를 발견할 것이다. 제3제국이 발발하기 오래전에 꼽추는 사악한 농간을 부리고 있었고, 원고를 읽거나 잡지를 편집하는 대가로 연금 지불을 약속했던 출판사가 첫 호도 나오기 전에 파산하게 만들었다.[37] 나중에 꼽추는 가장 눈부신 주해가 실린, 굉장히 신경 써서 만든 방대한 독일인 편지 모음집이 출판되는 걸 정말로 허락해주었다. 제목은 『독일 사람들』이었고,

---

[37] Howard Eiland and Michael Jennings, *Walter Benjamin: A Critical Life*, p. 173 첫 문단. 이 책의 국역본, 하워드 아일런드·마이클 제닝스, 『발터 벤야민 평전』(김정아 옮김, 글항아리, 2018, 238쪽)에는 안타깝게도 이 문단이 번역에서 누락되었다. 벤야민은 1922년 10월 1일과 4일, 숄렘과 랑에게 보낸 편지에서 잡지 『새로운 천사』의 출간이 무산되었다는 소식을 알린다. 이 평전은 아렌트가 말하는 사실들을 자세히 알아보려 할 때 요긴한데, 이후 몇 군데 이 평전의 쪽수를 밝혀 독자들이 참조할 수 있도록 하였다.

표어는 "명성 없는 명예에 대하여 / 광채 없는 위대함에 대하여 / 보수 없는 존엄에 대하여"였다. 하지만 그러고 나서 꼽추는 그 모음집이 벤야민의 의도대로 나치 독일에서 데틀레프 홀츠라는 가명으로 배포되는 대신 파산한 스위스 출판사의 지하실에서 끝을 맺게 하는 것을 잊지 않았다. 그리고 이 지하실 판본은 1962년, 즉 독일에서 새로운 판본이 출간된 바로 그 순간에 발견되었다. (좋게 끝날 몇 안 되는 일들이 처음에는 종종 불쾌한 모습으로 나타난 것 또한 꼽추 난쟁이 탓으로 돌릴 수 있을 것이다. 딱 들어맞는 사례는 알렉시 생레제 레제(생존 페르스)의 『아나바즈』 번역이다.[38] 벤야민은 이 작품을 "보잘것없는"[*Briefe* I, 381][39] 것으로 생각했지만, 프루스트 번역처럼 호프만슈탈이 주선해준 일이라서 번역에 착수했다. 번역은 전쟁이 끝날 때까지 독일에서 나오지 않았다. 하지만 벤야민은 그 덕분에 레제와 접촉할 수 있었고, 외교관이었던 레제는 전쟁 기간에 벤야민이 프랑스에 또 한 번 억류되는 것을 모면할 수 있도록 중재하고 프랑스 정부를 설득할 수 있었다. 이는 극소수의

---

38 『발터 벤야민 평전』, 322쪽 참조.
39 1925년 5월 20-25일경, 숄렘에게.

다른 망명자만 누린 특권이었다.) 그리고 못된 장난 뒤에 "잔해더미"가 왔다. 스페인 국경에서의 재앙 이전의 마지막 잔해더미는 그가 1938년 이래로 느껴온, 파리 생활의 유일한 "물질적이고 도덕적인 지탱물"(*Briefe* II, 839)[40]인 뉴욕의 사회연구소가 자신을 버릴 것이라는 위협이었다. "나의 유럽 상황을 그토록 위협하고 있는 바로 그 사정들 때문에 나는 미국으로 이주하는 게 불가능할 것 같아." 그는 1939년 4월 이렇게 썼다(*Briefe* II, 810).[41] 아직 보들레르 연구 첫 판본을 거절하는 아도르노의 1938년 11월 편지가 가한 "일격"의 충격(*Briefe* II, 790)[42]에서 벗어나지 못한 상태였다.

벤야민이 동시대 저자들 가운데서 프루스트 다음으로 카프카와 가장 가까운 개인적 친연성을 느꼈다고 말할 때, 숄렘은 확실히 옳다. 그리고 "[카프카의] 생산물에 대한 이해는, 다른 것도 있겠지만, 카프카가 실패자였다는 것을 있는 그대로 인정하는 것과 연

---

40 1939년 12월 15일, 막스 호르크하이머에게.

41 1939년 4월 8일, 숄렘에게.

42 1938년 12월 9일, 아도르노에게.

결되어 있어"(*Briefe* II, 614)[43]라고 썼을 때, 벤야민은 틀림없이 자신의 작업의 "폐허 내지는 재앙의 현장"[44]을 생각했다. 벤야민이 카프카에 대해 그토록 비할 데 없이 적절하게 했던 말은 그 자신에게도 적용된다. "이 실패의 정황은 다양하지. 이렇게 말하고 싶어. 일단 그가 궁극적 실패를 확신하자, 꿈에서인 듯 도중에 모든 게 잘 풀렸지"(*Briefe* II, 764).[45] 그는 카프카처럼 생각하기 위해 카프카를 읽을 필요가 없었다. 카프카를 읽은 게 「화부」가 전부였을 때, 그는 이미 『친화력』 에세이에서 희망에 대한 괴테의 진술을 인용했다. "희망이 하늘에서 떨어지는 별처럼 그들의 머리 위를 스쳐 갔다." 그리고 이 연구를 결론짓는 문장은 카프카가 쓴 듯 읽힌다. "오로지 희망 없는 자들을 위해 우리에게 희망이 주어져 있다"(*Schriften* I, 140 / 『선집 10』, 189, 192).

1940년 9월 26일, 미국으로 이주하려던 발터 벤야민은, 프랑스-스페인 국경에서 목숨을 끊었다. 여

---

43 1934년 7월 20일, 숄렘에게.

44 1932년 7월 26일, 숄렘에게.

45 1938년 6월 12일, 숄렘에게.

기엔 여러 가지 이유가 있었다. 게슈타포가 벤야민의 파리 아파트를 압수했는데, 아파트에는 그의 장서가 있었고(그는 독일에서 "더 중요한 절반"을 반출할 수 있었다), 수많은 그의 원고들이 있었다. 또한 파리에서 미점령 프랑스의 루르드로 탈출하기 전에 조르주 바타유의 도움으로 파리 국립도서관에 보관해둔 다른 원고들을 걱정할 이유가 있었다.[7] 장서 없이 어떻게 살아갈 수 있겠는가? 그 원고들에 있는 방대한 인용과 발췌 수집물 없이 어떻게 생계를 유지할 수 있겠는가? 게다가, 그를 미국으로 끌어당기는 것은 아무것도 없었다. 그가 이따금 말했듯이, 그곳 사람들은 "최후의 유럽인"으로 전시하기 위해 그를 그 나라 이리저리 실어 나르는 것 말고 그에게서 아무런 다른 용도도 발견하지 못할 것이다. 하지만 벤야민이 자살하게 된 직접적 동기는 이례적인 불운에 있었다. 비시 프랑스와 제3제국의 휴전 협정을 통해서, 히틀러 독일에서 온 망명자들 — 프랑스에서 공식적으로 부르기로는, "독일 난민들les réfugiés provenant d'Allemagne" — 은, 아마도 정치적 반대자인 경우에만, 독일로 송환될 위험에 처해 있었다. 이 범주의 망명자들을 구출하기 위해서 — 그런데 주목할 것은 후에 가장 큰 위험에 처해 있었던 것으로 드러난, 정치와 무관한 유대인 대중은 이 범주에 전혀 포함되지 않았다는 것인데 — 미국은 프랑스 미점령 지역 영사관을 통해 다수의 긴급비자를 발급했다. 뉴욕에 있는 연구소의 노력 덕분에, 벤야민은 마르세유에서 긴급 비자를 최초로 받은 대상에 포함되었다. 또한 그는 재빨리 리스본으로 가서 배를 탈 수 있게 해줄 스페인 통과비자를 획득했다. 그러나 그에겐 프랑스 출국비자가 없었다. 당시에 출국비자는 여전히 요구되었으며, 게슈타포의 비위를 맞추려고 열심이었던 프랑스 정부는 독일 망명자의 출국비자 발급을 예외 없이 거부했다. 일반적으로 그것은 큰 문제는 아니었다. 걸어서 산을 넘어 포르부로 가는 비교적 짧고 그리 힘들지 않은 길이 잘 알려져 있었고, 프랑스 국경 경찰이 지키고 있지 않았다. 그렇지만, 심장병을 앓고 있던 벤야민에게는(*Briefe* II, 841)[46] 최소한의 걷기조차 매우 힘든 일이었다. 틀림없이 그는 기진맥진한 상태로 도착했

---

[46] 1940년 1월 17일, 아도르노에게.

을 것이다. 그가 합류한 소규모 망명자 집단은 스페인 국경 마을에 도착했지만, 스페인이 바로 그날 국경을 폐쇄했으며 국경 관리들이 마르세유에서 발급된 비자를 인정하지 않는다는 것을 알게 되었다. 망명자들은 다음날 같은 경로로 프랑스로 돌아갈 예정이었다. 그날 밤 벤야민은 목숨을 끊었다. 그 후에, 이 자살로 마음이 흔들린 국경 관리들은 그의 일행이 포르투갈로 갈 수 있도록 해주었다. 몇 주 뒤에 비자 정지는 다시 해제되었다. 하루만 빨랐어도 벤야민은 무사히 통과했을 것이다. 하루만 늦었어도 마르세유에 있는 사람들은 당분간 스페인을 거쳐 가는 것이 불가능하다는 걸 알았을 것이다. 오로지 이날만 재앙이 가능했다.

2. 어두운 시대

§

"삶을 능숙하게 헤쳐 나갈 수 없는 자는 자신의
운명에 대한 절망을 조금이라도 막아내기 위한
손 하나가 필요하다. … 그러나 다른 한 손으로
그는 잔해 속에서 본 것을 기록할 수 있어야 한다.
왜냐하면 그는 다른 사람들과는 다르게 그리고
더 많이 보기 때문이다. 결국 그는 살아 있을 때
죽었으며 진정으로 살아남은 자다."

- 프란츠 카프카, 『일기』, 1921년 10월 [19일자][47]

"난파선에서 이미 허물어지고 있는 돛대 꼭대기
에 올라가 표류하고 있는 사람. 하지만 그곳에서
그는 그를 구조해줄 신호를 보낼 기회를 갖지."

- 발터 벤야민, 1931년 4월 17일, 숄렘에게 보내는 편지 중

---

[47] 프란츠 카프카, 『카프카의 일기』, 장혜순 외 옮김, 솔출판사,
2017, 704-5쪽.

종종 한 시대는 그 시대에 영향을 가장 덜 받은 사람들, 그 시대에서 가장 멀리 떨어져 있었던 사람들, 그리고 그렇기에 가장 많은 것을 겪은 사람들에게 그 시대의 봉인을 찍는다. 프루스트, 카프카, 카를 크라우스가 그랬고, 벤야민이 그랬다. 그의 동작과 듣고 말할 때의 머리 자세, 그가 움직이는 방식, 그의 예절, 특히 어휘 선택과 구문 형태에 이르기까지 그의 말하기 방식, 끝으로 그의 완전 특유한 취미. 이모두는 너무나도 구식으로 보였고, 마치 그는 낯선 땅의 해안으로 밀려온 듯 19세기로부터 표류하여 20세기로 흘러들어온 것만 같았다. 그는 20세기 독일을 한번이라도 고향처럼 느꼈을까? 의심해볼 이유가 있다. 1913년, 아주 젊은 나이에 프랑스를 처음 방문했을 때, 며칠 뒤 파리의 거리들은 베를린의 친숙한 거리들보다 그에게 "거의 더 고향처럼" 느껴졌다(*Briefe* I, 56).[48] 베를린에서 파리로의 여행이 얼마나 ─ 한 나라에서 다른 나라로 가는 게 아니라 20세기에서 다시 19세기로 가는 ─ 시간여행과도 같은지

---

48 1913년 6월 5일, 카를라 젤리히손에게.

를 그는 그때 이미 느꼈을지도 모르고, 20년 뒤에는 확실히 느꼈다. 탁월한 **국가**가 있었다. 그 국가의 문화는 19세기 유럽을 규정했으며, 오스만[49]은 그 국가를 위해 벤야민이 "19세기의 수도"라고 부르게 될 파리를 재건축했다. 이 파리는 확실히 아직 세계주의적이지는 않았다. 하지만 그곳은 심원하게 유럽적이었으며, 그리하여 지난 세기 중반 이래로 줄곧 고향 없는 모든 사람에게 제2의 고향으로서 비할 데 없이 자연스럽게 자신을 내어주었다. 주민들의 확연한 외국인 공포증도 지방 경찰의 교묘한 괴롭힘도 결코 이를 바꾸어놓을 수 없었다. 파리로 이주하기 오래전 벤야민은 "프랑스인과 15분 넘게 대화를 지속할 수 있게 해줄 그런 종류의 접촉을 한다는 것은 아주 예외적인" 일이라는 것을 알고 있었다(*Briefe* I, 445).[50] 나중에, 망명자로 파리에 주소를 두고 있을 때, 그는 타고난 고귀함으로 인해 잠깐 알게 된 사람들을 — 그들 중 최고는 지드였는데 — 인맥으로 발전시키지

---

49 Georges-Eugène Haussmann. 제2제정 때 파리 건물을 대규모로 근대화하는 데 주도적인 역할을 한 프랑스 관리.

50 1927년 6월 5일, 호프만슈탈에게.

못했고, 새로운 관계를 만들지도 못했다. (베르너 크라프트는 ― 최근에 밝혀진 사실인데 ― 그를 샤를 뒤 보스에게 데려갔다. 뒤 보스는 당시에 "독일문학에 대한 열광" 덕분에 바로 독일 이주민들에게 일종의 핵심 인물이었다. 베르너 크라프트는 더 좋은 인맥이 있었다. 이 무슨 아이러니란 말인가.[8][51]) 벤야민의 저술과 편지 및 이차문헌에 대한 놀랍도록 분별 있는 논평문에서 피에르 미사크는 벤야민이 프랑스에서 마땅한 "영접"을 받지 못한 것 때문에 얼마나 상심이 컸는지를 지적했다.[9] 이는 물론 정확하다. 하지만 분명 미사크에게 놀라운 일은 아니었다.[52]

이 모두가 아무리 짜증스럽고 불쾌했다고 하더라도, 도시 자체가 모든 것을 보상해주었다. 파리의 대로들은, 벤야민이 일찍이 1913년에 발견한 것처럼, "거주를 위한 것처럼 보이지 않고 사람들이 사이를 거니는 석조로 된 무대 좌우 배경처럼" 보이는 집들

---

51 프랑스 비평가 뒤 보스를 소개받은 건 겉보기에 잘된 일이다. 하지만 실제로는 이로 인해서 크라프트가 더 좋은 사람을 소개하지 않게 되었기에, 아렌트는 "아이러니"라고 하고 있다.

52 아렌트는 내부인(미사크)의 시각을 동원하여 프랑스인들의 배타성을 보여주고 있다.

로 형성되어 있다(*Briefe* I, 56).[53] 이 도시는, 아직도 옛 성문들을 지나 원을 그리며 여행할 수 있는데, 성벽으로 외부와 엄격히 차단되어 보호되는 중세 도시들의 한때 모습으로 남아 있다. 즉 실내로, 하지만 중세의 길처럼 협소하지는 않은 실내로. 그것은 너그럽게 지어지고 계획된 야외 인테리어intérieur인데, 그 위로는 하늘지붕이 가장 뚜렷한 현실이 된다.[54] "이 도시의 모든 예술, 모든 사업에서 가장 아름다운 점은 그것들이 본원적인 것, 자연적인 것의 잔여물로 남아 있는 몇 안 되는 것들한테 자신의 광채를 빌려준다는"(*Briefe* I, 421)[55] 것이고, 실로 그 잔여물들이 새로운 광채를 얻도록 해준다는 것이다. 내벽처럼 거리에 줄지어 있는 한결같은 건물 정면들은 다른 그 어느 도시보다 이 도시에서 물리적으로 더 보호받고 있다는 느낌을 준다. 대로들을 연결하면서 궂은 날씨에 집을 찾을 필요 없이 피신처를 제공하는 아케이드는

---

53 1913년 6월 5일, 카를라 젤리히손에게.

54 야외 인테리어 위로는 하늘이 지붕처럼 펼쳐져 있는데, 그것이 자연의 잔여물이다. 인위적인 내부(인테리어)에서 볼 수 있는 빛나는 자연의 한 조각이고, 가장 뚜렷한 현실이다.

55 1926년 4월 8일, 율라 라트에게.

벤야민에게 그토록 엄청난 매혹을 발산했으며, 그래서 그는 19세기와 19세기의 수도에 대해 기획한 주요 작업을 단순히 "아케이드 작업 Passagenarbeit"이라고 불렀다. 이 통행로들은 사실 파리의 상징 같은데, 왜냐하면 그것들은 분명하게 동시에 내부이면서 외부이고, 따라서 가장 밀집된 공간에서 파리의 참된 본성을 나타내기 때문이다. 파리에서 이방인은 집에 있다는 느낌이 드는데, 그 자신만의 네 벽 안에 살 듯 그도시에 거주할 수 있기 때문이다. 사람이 아파트를단지 자고 먹고 일하기 위해 이용하는 게 아니라 그곳에 머묾으로써 그곳에 거주하고 그곳을 편안한 곳으로 만들 듯, 그렇게 사람은 목적 없이 도시를 거넒으로써 도시에 거주하는데, 여기서 그의 머묾을 보장해주는 것은 거리에 줄지어 있는 무수히 많은 카페들이다. 도시의 삶, 보행자들의 흐름은 카페들을 스쳐지나간다. 지금까지도 파리는 대도시 가운데 편안하게 걸어서 이동할 수 있는 유일한 도시다. 그리고 그어떤 다른 도시보다도 도시의 살아 있음이 거리를 지나가는 사람들에게 달려 있다. 그래서 자동차 교통은파리의 바로 그 실존을 위협하는데, 이는 다만 교통

기술적 이유 때문만은 아닌 것이다. 미국 교외의 황무지나 수많은 타운들의 주거 지구는 — 그곳에서는 거리의 삶 일체가 차도에서 이루어지고, 사람은 이제 오솔길 수준으로 축소된 인도 위에서 수마일 동안 한 사람도 마주치지 않은 채 걸을 수 있는데 — 파리의 정반대다. 다른 모든 도시들이 사회의 쓰레기들에게 다만 마지못해 허용하는 것처럼 보이는 것 — 거닐기, 빈둥거리기, 소요하기flânerie — 을 파리 거리는 실제로 모두에게 하라고 권장한다. 그리하여, 제2제정기 이후로 줄곧 그 도시는 생업을 좇거나 직장생활을 추구하거나 목표에 도달할 아무런 필요가 없는 모든 사람들의 낙원이었다. 그렇기에, 보헤미안들의 낙원, 예술가와 작가뿐 아니라 (고향이나 국가가 없어) 정치적으로나 사회적으로 통합될 수 없어 그들 주변에 모여든 모든 사람들의 낙원.

젊은 벤야민에게 결정적 경험이 되었던 그 도시라는 배경을 고려하지 않고는 그의 저작에서 소요객이 왜 핵심 형상이 되었는지 좀처럼 이해할 수 없다. 이 거닐기가 어느 정도로 그의 사고의 보행 방식을 결정했는지는 어쩌면 그의 걸음걸이의 특이성에서 가장 잘 나타난 것 같다. 막스 리히너는 이를 "전진하면서도 지체하고, 그 둘의 기묘한 혼합"이라고 묘사했다.[10] 그것은 소요객의 보행법이었다. 이는 너무나도 놀라워 보였는데, 왜냐하면 멋쟁이나 속물과 마찬가지로 소요객의 고향은 19세기였기 때문이다. 유복한 중산층 가족의 아이들은 일하지 않아도 소득이 보장되어 있어 서두를 이유가 전혀 없었던 안심의 시대. 벤야민에게 19세기의 은밀한 보행 및 사고 방법을 가르쳤듯, 그 도시는 또한 자연스럽게 그에게 프랑스 문학에 대한 감각을 일깨웠고, 이로 인해 그는 정상적인 독일의 지적인 삶으로부터 거의 돌이킬 수 없이 멀어지게 되었다. "나는 독일에서 나의 노력과 관심이 내 세대 사람들 가운데서 고립되어 있다고 느껴. 반면에 프랑스에는 작가 지로두와 특히 아라공, 초현실주의 운동 같은 몇 가지 현상들, 나까지도 사로잡는 무언가의 꿈틀거림이 보이는 현상들이 있어." 1927년 그는 호프만슈탈에게 이렇게 썼다(*Briefe* I, 446).[56] 그때 벤야민은 모스크바 여행

---

56 1927년 6월 5일, 호프만슈탈에게.

에서 막 돌아와 공산주의 깃발 아래 항해 중인 문학 기획들이 실행될 수 없다는 것을 확신하고는, 이제 그의 "파리 위치"를 공고히 하는 일에 착수하려고 했다(*Briefe* I, 444-45).[57] (8년 전 그는 어떻게 폐기가 "믿기 힘들 정도로 친근하게" 그에게 말을 건넸는지를 언급했다. "글로 쓴 **그 무엇도** 이토록 서로에게 가깝게 나를 건드린 적은 없었어"[*Briefe* I, 217].)[58] 그런데 그는 무엇 하나 공고히 하는 데 성공하지 못했으며, 성공할 수도 없었을 것이다. 전후 파리에서야 외국인들 — 아마 오늘날도 여전히 프랑스에서 프랑스 부모에게서 태어나지 않은 모든 사람들이 파리에서 이렇게 불리고 있을 터인데 — 이 "위치"를 차지할 수 있었다. 다른 한편 벤야민은 실제로 어디에도 존재하지 않았던 위치, 나중에 가서야 위치로서 확인되고 진단될 수 있었던 위치로 밀려 들어가게 되었다. 그것은 "돛대 꼭대기" 위치였다. 그곳에서는 휘몰아치는 시대 상황을 안전한 항구에서보다 더 잘 조망할 수 있었다.

---

57 같은 편지.

58 1919년 9월 15일, 숄렘에게. 프랑스 작가 샤를 페기를 읽은 일에 대해서는 『발터 벤야민 평전』, 161-62쪽 참조.

"난파"의 조난신호, 조류를 따라서건 거슬러서건 수영하는 법을 배우지 못한 이 한 남자의 조난신호를 알아차리는 사람은 없었지만 말이다. 자신을 이 바다에 결코 노출시킨 적 없는 사람들도, 이러한 환경에서도 움직일 역량이 있었던 사람들도, 알아차리지 못했다.

외부에서 보았을 때, 그것은 펜으로 살아가는 프리랜서 작가의 위치였다. 그렇지만, 오로지 막스 리히너만 알아차린 것 같은데, 벤야민은 "특이한 방식"으로 펜으로 살아갔다. 즉 "그의 출판은 결코 빈번하지 않았"으며, "그가 어느 정도까지 다른 보조물에 의지할 수 있는지 전혀 분명치 않았다."[11] 리히너의 의구심은 모든 측면에서 정당화되었다. 이주하기 전에는 수중에 "다른 보조물"이 있었을 뿐 아니라, 프리랜서 작가라는 겉모습 뒤에서 그는 항시 위태롭기는 해도 훨씬 더 자유로운 문인homme de lettres의 삶을 영위했다. 이 문인의 집은 극히 신중하게 수집된, 하지만 결코 작업 도구로 의도된 게 아닌 장서였다. 그것은 벤야민이 종종 반복해서 말하듯 그가 읽지 않았다는 사실에 의해 그 가치가 증명되는 보물들, 즉 유용하지 않다는 게 보증되어 있고 그 무슨 직업에도 도움이 되지 않는 장서들로 이루어져 있었다. 이와 같은 실존은 독일에서는 알려져 있지 않았다. 이와 거의 마찬가지로 알려져 있지 않았던 것은 벤야민이 단지 생계를 꾸려야 했기에 그러한 실존으로부터 도출한 직업이었다. 통례적 권수의 두툼한 책을 써낸 문학 역사가나 학자라는 직업이 아니라, 에세이 형식조차 너무 천박하게 방대하다고 생각하고는 행 단위로 고료를 지불받는 게 아니었다면 경구를 선호했을 비평가이자 에세이 작가라는 직업. 그는 자신의 직업적 야망이 독일에서는 그저 존재하지 않는 어떤 것을 향하고 있다는 사실을 분명 모르지 않았다. 리히텐베르크, 레싱, 슐레겔, 하이네, 니체 등의 존재에도 불구하고 독일에서 경구는 결코 평가받지 못했으며, 사람들은 통상 비평을 (혹시 즐길 수 있다면) 신문 문예란에서나 즐길 수 있는 악명 높게도 전복적인 어떤 것으로 생각했다. 벤야민이 이 야망을 표현하기 위해 프랑스어를 선택한 것은 결코 우연이 아니었다. "Le but que je m'avais proposé ··· c'est d'être considéré comme le premier critique de la littérature allemande. La difficulté c'est que, depuis plus de cinquante ans, la critique littéraire en Allemagne n'est plus considérée comme un genre sérieux. Se faire une situation dans la critique, cela … veut dire: la recréer comme genre." — 내가 스스로에게 제안한 목표는 … 독일문학의 제일가는 비평가로 여겨지는 거야. 문제는 독일에서 문학비평이 50년 넘게 진지한 장르로 간주되지 않았다는 거지. 비평에서 입지를 만든다는 것은 … 비평을 하나의 장르로 재창조한다는 것을 의미하지(*Briefe* II, 505).[59]

벤야민이 이와 같은 직업 선택을 한 것이 초기 프랑스 영향 때문이었다는 데는 의심의 여지가 없다. 즉 그것은 그에게 그토록 친근감을 고취시킨 라인강 저편에 있는 위대한 이웃의 근접성 때문이었다. 하지만 이러한 직업 선택조차도 실제로는 어려운 시기와 재정적 고민이 동기가 되었다는 사실이 훨씬 더 그에게는 특징적이다. 벤야민이 아마 의식적으로는 아니

---

59 1930년 1월 20일, 숄렘에게.

더라도 자발적으로 준비했던 "직업"을 사회적 범주로 표현하고자 한다면, 그가 자라났고 미래를 위한 그의 첫 계획이 형성되었던 빌헬름 독일로 돌아가야 한다. 그럴 경우, 벤야민은 개인 수집가이자 당시에 개인학자Privatgelehrter라고 불린 전적으로 독립적인 학자라는 "직업" 말고는 그 무엇도 준비하지 않았다고 말할 수 있을 것이다. 당시 상황에서, 제1차 세계대전 이전에 시작된 그의 연구는 오로지 대학교수직으로 마무리될 수 있을 뿐이었다. 하지만 세례를 받지 않은 유대인에게 모든 공무원직과 마찬가지로 그러한 자리는 여전히 차단되어 있었다. 그러한 유대인들에게 하빌리타치온은 허용되었고, 그들은 기껏해야 무급의 정원외교수Extraordinarius 지위를 얻을 수 있었다. 그것은 확실한 수입을 제공하기보다는 확실한 수입을 전제로 하는 일이었다. 벤야민이 "나의 가족에 대한 고려 때문에"(*Briefe* I, 216)[60] 따기로 결심한 박사학위와 그에 뒤이은 하빌리타치온 시도는 가족이 그와 같은 수입을 자신에게 기꺼이 쥐어주도록 하

---

60 1919년 7월 19일, 숄렘에게.

기 위한 근거로 고려된 것이다.

이런 상황은 전후에 갑작스럽게 바뀌었다. 인플레이션은 상당수의 부르주아지를 빈곤에 빠뜨렸으며, 심지어 무일푼으로 만들었다. 그리고 바이마르 공화국에서 대학에서 교편을 잡는 일은 세례를 받지 않은 유대인들에게도 열려 있었다. 불행한 하빌리타치온 이야기는 벤야민이 이 뒤바뀐 정황을 얼마나 고려하지 않았는지, 그가 얼마나 일체의 재정 문제에서 전쟁 전의 관념에 지배받고 있었는지 분명하게 보여준다. 즉 처음부터 하빌리타치온은 다만 아버지에게 "공적인 인정의 증명서"를 제시하여 "규칙을" 지키라고 요구하려는 의도였고(Briefe I, 293),[61] 아버지가 당시 30대였던 아들에게 충분하고도 (꼭 덧붙이자면) 신분에 맞는 수입을 제공하게 만들려는 의도였다. 단 한 번도, 심지어 나중에 공산주의자들과 이미 가까워진 때조차도, 그는 만성적인 부모와의 갈등에도 불구하고 자신이 그와 같은 보조금을 받을 자격이 있다는 것을, "생계를 위해 일해야 한다"는 부모의 요구

---

61 1922년 10월 14일, 플로렌스 크리스티안 랑에게.

는 "말도 안 되는" 요구라는 것을 의심하지 않았다 (*Briefe* I, 292).[62] 아들이 하빌리타치온을 취득한다고 해도 여하간 지불하고 있던 월 지원금을 늘려줄 수도 없고 늘려주고 싶지도 않다고 아버지가 말했을 때, 이는 당연히 벤야민이 착수하고 있는 일 전체의 기반을 없앴다. 1930년 부모가 사망할 때까지, 벤야민은 부모 집으로 다시 들어감으로써 생계 문제를 해결할 수 있었다. 이제 결혼을 해서 한 아이의 아버지였지만, 처음에는 그의 가족(아내와 아들)과 함께, 그리고 곧 별거하여 단신으로 부모 집에 살면서 말이다. (그는 1930년까지는 이혼하지 않았다.[63]) 이러한 사정이 그에게 큰 고통을 야기했다는 것은 분명하다. 하지만 못지않게 분명한 것은 그가 보나마나 또 다른 해결책을 결코 진지하게 고려하지 않았다는 것이다. 항구적인 재정 곤란에도 불구하고 그가 이 시

---

62 같은 편지.

63 벤야민의 부친은 1926년, 모친은 1930년 사망했다. 1929년 벤야민의 소송으로 시작된 이혼 소송은 1930년 원고 패소 판결로 끝났으며, 이로써 벤야민은 저택 지분을 포함해 자기 몫의 유산을 모두 아내 도라에게 양도해야 했다. 이와 관련해서는 『발터 벤야민 평전』 7장을 볼 것.

기에 장서를 용케도 계속 늘렸다는 것 또한 놀랍다. 이 값비싼 열정을 — 그는 다른 이들이 도박장에 자주 드나들 듯 큰 경매소들을 드나들었다 — 자제했던 단 한 번의 시도, "최악의 경우" 무언가를 팔기까지 하려 했던 결심은 결국 새로운 구입을 통해 "이 준비 상태의 고통을 무디게"(*Briefe* I, 340)[64] 만들어야 한다는 심정으로 끝을 맺었다. 가족에 대한 재정적 의존에서 벗어나려는 벤야민의 단 한 번의 입증 가능한 시도는 결국 아버지가 자신에게 즉각 "중고서점 주식을 살 수 있도록 자금을 지원해야 한다"(*Briefe* I, 292)[65]는 제안으로 끝을 맺었다. 어쨌든 이것이 벤야민이 생각해낸 유일한 돈벌이다. 물론 아무 소득도 나오지 않았다.

1920년대의 독일 현실을 보건대, 그리고 펜으로는 결코 생계를 유지할 수 없을 거라는 벤야민의 자각을 보건대 — "내가 최소한의 수입을 벌 수 있는 곳이 있고 내가 최소 경비로 살 수 있는 곳이 있지만, 둘 다 할 수 있는 곳은 없어"(*Briefe* II, 563)[66] —

---

64 1924년 3월 5일, 숄렘에게.
65 1922년 10월 14일, 랑에게.

그의 태도 일체는 용납될 수 없는 경솔함처럼 보일 수 있을 것이다. 하지만 그것은 결코 경솔함의 사례가 아니었다. 부유해진 빈자가 자신의 부를 믿는 게 힘든 것처럼, 가난해진 부자가 자신의 가난을 믿는 것은 힘들 거라고 가정하는 게 합리적이다. 부유해진 빈자들은 생존의 불안과 다름없는 인색함에 이끌리고, 가난해진 부자들은 전혀 가지고 있지도 않은 의기양양에 이끌린다.

게다가, 재정 문제에 대한 태도에서 벤야민은 결코 독특한 사례가 아니었다. 따지고 보면 그것은 독일유대계 지식인 세대 전체에 전형적인 것이었다. 그렇다고 그것이 그렇게 해로운 건 아니었지만 말이다. 그러한 태도의 기반은 성공한 사업가인 아버지들의 사고방식이었다. 그들은 자신의 성취를 그다지 높게 평가하지 않았다. 아들은 더 고상한 일을 할 운명이라는 것이 그들의 꿈이었다. 이는 (토라나 탈무드, 즉 신의 법을) "배우는" 사람들은 민족의 참된 엘리트이며, 돈벌이나 돈벌이를 위한 노동처럼 저속한

---

66 1933년 2월 28일, 숄렘에게.

일에 신경 쓰지 말아야 한다는 고대 유대교 믿음의 세속화된 판본이었다. 그렇다고 해서 이 세대에 부자간 갈등이 없었다는 말은 아니다. 반대로 당시의 문학은 그 갈등들로 가득하다. 만약 프로이트가 그에게 환자들을 제공하는 독일유대계 환경과는 다른 나라에서 다른 언어로 살았고 연구를 진행했다면, 아마 우리는 오이디푸스 콤플렉스에 관한 이야기를 결코 듣지 못했을 것이다.[12] 하지만 대개 이 갈등은 아들이 천재임을 주장함으로써, 혹은 수많은 부유한 집안 출신 공산주의자들의 경우 인류의 안녕에 헌신한다고 주장함으로써 — 어떤 경우든, 돈 버는 일보다 더 고상한 일을 염원한다고 주장함으로써 — 해소되었다. 아버지들은 이것이 돈벌이를 하지 않는 것에 대한 타당한 구실이라는 것을 기꺼이 인정하고도 남았다. 그러한 주장을 하지 않거나 그러한 주장이 인정되지 않는 곳에서는, 재앙이 목전에 있었다. 벤야민이 바로 그런 경우였다. 그의 아버지는 그의 주장을 결코 인정하지 않았으며, 그들의 관계는 이례적으로 나빴다. 또 다른 그런 경우가 카프카였는데, 그는 — 어쩌면 실제로 여하간 천재였기 때문에

— 주변의 천재 열광에서 꽤 자유로웠으며, 천재라는 주장을 절대 하지 않았고, 프라하의 노동자 상해 보험 회사에 평범한 일자리를 얻어 재정적 독립을 확보했다. (물론 그도 아버지와의 관계가 똑같이 나빴다. 하지만 이유는 달랐다.) 그렇지만 카프카도 이 위치를 얻자마자 거기서 "자살을 위한 도움닫기 길"을 보았다. 마치 "너는 네 무덤 값을 벌어야 한다"라고 말하는 명령에 복종하려는 듯.[13]

여하튼 벤야민에게 월 지원금은 유일하게 가능한 수입 형태였으며, 부모가 사망하고 나서도 그는 월 지원금을 얻기 위해서 많은 것들을 할 준비가 되어 있었으며, 혹은 여하간 그렇다고 생각했다. 가령 시온주의자들이 기대를 걸어준다면 월 300마르크를 받고 히브리어 공부하기, 또는 마르크스주의자들과 거래할 다른 길이 없다면 1000프랑스 프랑을 받고 온갖 매개적 장치를 갖추고서 변증법적으로 생각하기. 빈털터리 신세면서도 그가 이후에 그 어느 것도 하지 않았다는 사실은 칭찬할 만한 일이다. 예루살렘에 있는 대학교로부터 히브리어 교습에 대한 대가로 벤야민에게 줄 연구비를 어렵사리 얻어낸 숄렘이 수년 동안 그 일이 미루어지는 것을 기다려준 무한한 인내심도 칭찬할 만한 일이지만.[67] 물론 그에게 걸맞은 유일한 "위치", 즉 문인의 위치를 위해 그에게 재정 지원을 해줄 준비가 되어 있는 사람은 아무도 없었다. 시온주의자도 마르크스주의자도 그 위치의 특별한 전망이 무엇인지 알지 못했으며, 알 수도 없었을 것이다.

오늘날 문인homme de lettres은 다소 무해하고 주변적인 형상으로 느껴진다. 마치 언제나 약간은 희극적인 느낌이 있었던 개인학자Privatgelehrter라는 형상과 실제로 등치될 수 있는 것인 양. 프랑스어와 너무나도 가깝다고 느껴서 그 언어가 자신의 실존에 대한 "일종의 알리바이"(*Briefe* II, 505)[68]가 되었던 벤야민은 십중팔구 전 혁명기 프랑스에서의 "homme de lettres"의 기원을 알았을 것이고, 프랑스혁명에서 문인의 비범했던 이력을 알았을 것이다. 『라루스 사전』조차 문인들과 혼동하는 나중의 "작가와 문필가들écrivains et littérateurs"과는 반대로, 문인들은 비록 쓰이고 인쇄된 말의 세계 안에서 살았고, 특히 책들에 둘

---

67 『발터 벤야민 평전』, 381-83, 413, 453-54쪽 참조.
68 1930년 1월 20일, 숄렘에게. 불어 편지.

러싸여 있었지만, 직업적으로 생계를 위해 글을 쓰거나 읽어야 했던 것이 아니고 그럴 의향도 없었다. 권위자, 전문가, 공무원으로서 국가에 서비스를 제공하거나 위락과 배움을 위해 사회에 서비스를 제공하는 지식층과는 달리, 문인들은 언제나 국가와 사회 양쪽 모두와 거리를 두려고 했다. 그들의 물질적 실존은 노동 없는 수입에 근거하고 있었고, 그들의 정신적 태도는 정치적으로나 사회적으로 통합되는 것을 단호하게 거부하는 데 기초하고 있었다. 이러한 이중의 독립에 근거하여, 그들은 우월한 무시의 태도를 부릴 여유가 있었는데, 이러한 태도는 인간 행동에 대한 로슈푸코의 경멸적 통찰을 낳았고, 몽테뉴의 삶의 지혜를 낳았고, 파스칼 사유의 경구적 예리함을 낳았고, 몽테스키외의 정치적 성찰의 대담함과 공평함을 낳았다. 18세기에 문인들을 혁명가로 만든 정황을 설명하는 것도, 어떻게 그들의 19세기와 20세기 계승자들이 "교양인" 부류와 직업적 혁명가 부류로 쪼개졌는지를 설명하는 것도 지금 나의 과제일 수는 없다. 내가 이 역사적 배경을 언급하는 것은 다만 벤야민의 경우 교양 요소가 그토록 유일무이하게도 혁명·반역 요소와 결합되어 있기 때문이다. 마치 문인이라는 형상은 — 너무나도 재앙적 방식으로 물질적 기반을 상실했기에, 그 형상을 그토록 사랑스럽게 만드는 순수하게 정신적인 열정이 좀 더 강렬하고 인상적인 방식으로 전개될 수는 있겠지만, 아니 어쩌면 바로 그 이유 때문에 — 소멸 직전에 다시 한번 자신의 가능성들을 완전히 충만하게 드러내면서 자신을 보여주어야 할 운명인 것 같았다.

벤야민이 자란 제국 독일에서든 그가 구직을 거부한 바이마르 공화국에서든 벤야민이 독일유대계 사회의 유래와 환경에 반역할 동기로 말하자면 참으로 부족할 게 없었다. 「1900년경 베를린의 유년시절」에서 벤야민은 어린 시절의 집을 — 아버지는 특이하게도 미술품과 골동품 거래상이었고, 가족은 부유하고 지극히 평범한 동화된 가족이었고, 조부모 중 한 명은 정통파 유대교도, 다른 한 명은 개혁파 유대교도였는데 — "오래전부터 그에게 할당된 왕릉"(*Schriften* I, 643 /『선집 3』, 138)으로 묘사한다. "어렸을 때 나는 베를린 구 서부 지역과 신 서부 지역에 붙잡힌 볼모나 다름없었다. 당시 이 두 지역에 살고 있던 내 친척들은 완고함과 자부심이 뒤섞인 태도를 지니고 있었다. 이러한 태도 때문에 이 두 지역은 게토나 다름없었고 그들은 그곳을 마치 자신들의 봉토처럼 바라보았다"(*Schriften* I, 643 / 『선집 3』, 123-24). 완고함은 유대인성을 향한 것이었다. 오로지 그 완고함 때문에 그들은 유대인성을 고수했다. 이와는 반대로 자부심은 비유대적 환경을 향한 것이었는데, 그 안에서 그들은 어쨌든 꽤나 성취를 이루었다. 정확히 얼마나 많이 성취했는지는 손님들이 오기로 되어 있는 날 과시되었다. 그런 날이면, 집의 중심처럼 보이고 따라서 "신전이 있는 언덕이라 해도 과언이 아니었[던]" 찬장의 내부가 열렸다. 그리고 이제 "신전의 우상들이 주변에 보물을 쌓아놓듯이, 찬장 역시 자신의 보물들로 뽐낼 수 있었다." 그런 다음 "은색의 가보들"이 나타났고, 눈앞에 드러나는 것은 "10인분 세트, 아니 20인분, 30인분용 상차림 세트였다. 모카 커피 스푼, 나이프 받침대, 과도나 굴을 까먹는 포크가 길게 늘어서 있는 모습을 보노라면, 그렇게 엄청난 식기들을 보는 즐거움에 어떤 불안감이 달라붙었다. 그날 저녁에 오기로 된 손님들도 이 식사도구들처럼 똑같이 생긴 것은 아닐까라는 불안감이"(*Schriften* I, 632 / 『선집 3』, 123). 아이들조차도 무언가가 근본적으로 잘못되었다는 것을 알고 있었다. 단지 가난한 사람들이 있기 때문이 아니라("내 나이 또래의 부잣집 아이들은 가난한 사람들을 다 거지라고 생각했다. 그런데 나는 나중에 가난이란 자신의 노동에 대해 형편없는 대가를 받은 치욕이라는 생각이 떠올랐는데, 이것이야말로 인식의 커다란 진보였다"[*Schriften* I, 632 / 『선집 3』, 124]), 내부에서의 "완고함"과 외부를 향한 "자부심"이 아이들 양육에 정말 전혀 적합하지 않았던 불안과 자기의식의 분위기를 조성했기 때문이었다. 이는 단지 벤야민이나 베를린 서부나 독일의 경우에만 그런 게 아니었다. 카프카는 누이에게 열 살 난 아들을 기숙학교에 보내라고 얼마나 열성적으로 설득했던가. "프라하의 잘사는 유대인에게 특히 전염성이 강한, 아이들에게서 떼어놓을 수 없는 독특한 정신 … 이 작고 더럽고 미온적이고 눈만 깜빡거리는 정신"으로부터 아이를 구하기 위해서.[14]

1870년대 내지는 1880년대 이래로 당시 유대인

문제라고 불려왔던 것, 그 몇십 년 동안 독일어권 중유럽에서만 이런 형태로 존재했던 것이 여기 연루되어 있다. 오늘날 이 문제는 유럽 유대인의 재앙에 휩쓸려 마땅히 망각되었다. 비록 금세기 초 몇십 년 동안 사고 습관이 형성된 더 나이 든 독일 시온주의자 세대의 언어에서 여전히 이따금 조우하지만 말이다. 게다가, 그것은 언제나 다만 유대인 지식층의 관심사였으며, 중유럽 유대인 대다수에게는 전혀 중요하지 않았다. 그렇지만 이 지식층에게는 그 문제가 아주 중요했다. 그들 자신의 유대인성은, 그들의 정신적인 살림살이에서 거의 아무런 역할도 하지 않았지만, 사회적 삶을 대단할 정도로 규정했으며, 따라서 최우선적인 도덕적 문제로 등장했다. 이 도덕적 형태에서 유대인 문제는, 카프카의 말로, "이 세대의 끔찍한 내적 상황"[15]을 나타냈다. 나중에 실제로 발생한 일을 고려할 때 이 문제가 아무리 중요하지 않아 보여도, 우리는 여기서 이를 무시할 수 없는데, 왜냐하면 벤야민도 카프카도 카를 크라우스도 이것 없이는 이해할 수 없기 때문이다. 편의상, 나는 그 문제를 정확히 그것이 그 당시에 — 즉 모리츠 골트슈타인이 1912년 저명한 잡지 『예술파수꾼Der Kunstwart』에 발표했을 때 큰 동요를 불러온 「독일유대계의 파르나소스산Deutsch-jüdischer Parnass」이라는 제목의 논문에서 — 진술되고 끝없이 논의되었던 대로 진술할 것이다.

골트슈타인에 따르면, 유대인 지식층에게 나타나는 그 문제는 비유대적 환경과 동화된 유대인 사회라는 이중의 측면을 가지고 있었다. 그가 보기에 그 문제는 해결 불가능했다. 비유대적 환경과 관련해서, "우리 유대인은 그렇게 할 우리의 권리와 능력을 인정하지 않는 국민의 지적 재산을 관리한다." 그리고 더 나아가 "우리의 적들이 부조리함을 논증하고 그들의 적대감이 근거 없음을 보여주는 것은 쉽다. 그로써 얻는 것은 무엇일까? 그들의 증오가 **진짜**라는 것. 모든 중상들이 반박되었을 때, 모든 왜곡들이 바로잡혔을 때, 우리에 대한 모든 거짓 판단들이 거부되었을 때, 반감은 반박될 수 없는 것으로 남는다. 이를 들여다보지 못하는 사람은 도와줄 수가 없다." 이를 들여다보지 못하는 것, 바로 그것이야말로 유대인 사회에서 견딜 수 없는 것이다. 유대인 사회의 대표자들은 유대인으로 남아 있으면서도 자신들의 유대인성을 고백하려고 하지 않는다. "우리는 그들이 회피하는 문제를 공공연하게 그들의 귀에 박히도록 주입할 것이다. 우리는 그들이 자신들의 유대인성을 고백하거나 아니면 세례를 받도록 만들 것이다." 하지만 이것이 성공한다고 해도, 이 환경의 허위성에서 빠져나온다고 해도, 얻는 것이 무엇인가? "현대 히브리 문학으로의 도약"은 현 세대에게는 불가능했다. 그러므로 "독일에 대한 우리의 관계는 짝사랑이다. 우리는 결국 연인을 우리 가슴에서 떼어놓을 정도로 남자답기를 원한다. … 나는 우리가 원해야만 하는 것을 말했다. 나는 또한 우리가 왜 그것을 원할 수 없는지도 말했다. 문제를 제시하는 것, 그것이 바로 나의 의도였다. 내가 아무런 해결책도 알지 못한다는 것은 내 잘못이 아니다." (골트슈타인 씨 자신은 6년 뒤에 문제를 해결했다. 『포스 신문Vossische Zeitung』의 문예란 편집자가 되었을 때. 그가 달리 무엇을 할 수 있었겠는가?)

모리츠 골트슈타인이 벤야민이 또 다른 맥락에서 "저속한 반유대주의와 시온주의 이데올로기의 중심 교리"라고 불렀던 것을 단순히 재생했을 뿐이라고

치부할 수도 있을 것이다(*Briefe* I, 152-53).[69] 카프카
에게서, 훨씬 더 심각한 수준으로, 동일한 문제 제기
와 동일한 해결 불가능성을 발견하지 않았다면 말이
다. 독일유대계 작가들과 관련하여 그는 막스 브로
트에게 쓴 편지에서 이렇게 말했다. 유대인 문제 내
지는 "그에 대한 절망이 그들의 영감이었어. 다른 영
감들처럼 영예로운 영감, 그러나 더 가까이 관찰하
면 그래도 조금은 서글픈 특이성을 지닌 영감. 우선
그들의 절망이 방전되어 들어간 그것은 겉으로는 독
일문학인 듯 보였지만 독일문학이 될 수 없었지." 그
래, 그 문제는 실제로는 독일의 문제가 아니었으니
까. 그리하여 그들은 "세 가지의 불가능성 속에서"
살았다. 그들은 오로지 글쓰기를 통해서만 그들의
영감을 없앨 수 있었으므로, "글을 쓰지 않는 것의
불가능성". 그리고 "독일어로 쓰는 것의 불가능성"
─ 카프카는 그들의 독일어 사용을 "시끄러운, 또는
조용한, 또는 심지어 자학적인, 남의 재산의 탈취"로
간주했는데, 이 재산은 "취득한 것이 아니라 (상대적

69　1917년 10월 22일, 숄렘에게.

으로) 재빠른 쟁취를 통해 도둑질한 것이며, 어법상의 오류가 단 하나도 없다 하더라도 여전히 남의 재산으로 남는" 것이다. 그리고 끝으로, 다른 언어는 사용할 수 없으므로, "다르게 쓰는 것의 불가능성". 결론에서 카프카는 말한다. "어쩌면 네 번째 불가능성을 덧붙일 수 있을지도 몰라, 쓰는 것의 불가능성. 왜냐하면 절망이란 글쓰기로는 안정시킬 수 없는 무엇이니까." 어떤 신이 인간이 겪고 견디는 것을 말하라고 시킨 시인들에게 통상 있는 일이듯 말이다. 오히려 절망은 여기서 "생의 적 **그리고** 글쓰기의 적"이 되었다. "글쓰기는, 목을 매달기 직전에 유언장을 쓰는 사람에게 그렇듯, 임시방편일 뿐이었어."[16]

카프카가 틀렸다는 것, 그리고 금세기의 가장 순수한 독일어 산문을 구사하는 카프카 자신의 작품이 그의 견해에 대한 최선의 반박이라는 것을 입증하는 것보다 더 쉬운 일은 없을 것이다. 하지만 그러한 입증은, 악취미라는 것을 제쳐놓더라도, 카프카 그 자신이 이를 아주 잘 알고 있었기에 더더욱 불필요한 일이다(그는 일기에 한 번은 이렇게 적었다. "내가 무턱대고 문장 하나를 쓰더라도 … 그 문장은 이미 완벽하다."[17])

95

마찬가지로 그는 "마우셸른"(이디시어화된 독일어 말하기)[70]이, 비록 유대인이건 비유대인이건 독일어를 말하는 모든 사람들이 경멸하기는 했지만, 수많은 독일어 방언 중 그저 하나일 뿐으로 독일어에서 적법한 자리를 가지고 있다는 것을 알고 있는 유일한 사람이었다. 그리고 그는 올바르게도 "독일어에서 오로지 방언들만이, 그리고 방언을 제외하면, 가장 개인적인 고지 독일어만이 실제로 살아 있다"고 생각했기 때문에, 마우셸른 내지는 이디시어에서 고지 독일어로 바꾸는 것은 저지 독일어나 알라만 방언에서 바꾸는 것만큼이나 당연히 적법했다. 그를 그토록 매혹시킨 유대인 배우 공연단에 대한 그의 언급들을 읽는다면, 그를 끌어당긴 것이 특별히 유대적인 요소라기보다는 언어와 제스처의 생생함이라는 것이 분명해진다.

확실히, 오늘날 이 문제를 이해하거나 진지하게 취하기는 좀 어렵다. 특히나 그것을 한낱 반유대주의 환경에 대한 반응으로, 따라서 자기증오의 표현으로

---

70 Mauscheln. 유대인 장사꾼을 경멸적으로 부르는 명칭 "Mauschel"에서 파생된 말로, (독일어를) 유대인처럼 말한다는 뜻이다. "Mauschel"은 히브리어 "Mosche(모세)"에서 왔다. 이디시어는 중유럽과 동유럽에서 쓰이던 유대인 언어를 말한다.

잘못 해석하고는 물리치고 싶은 유혹이 너무나도 크니까. 하지만 카프카, 크라우스, 벤야민 정도의 인간적 위상과 지적인 등급을 가진 사람들을 다룰 때, 이보다 더 오도하는 것도 없을 것이다. 오히려 반대로, 그들의 비판에 진정한 예리함을 부여한 것은 결코 반유대주의 자체가 아니라, 지식층이 결코 동일시하지 않았던 유대인 중간계급의 반유대주의에 대한 반응이었다. 그리고 여기서도, 그것은 지식인들이 거의 접촉하지 않았던 공식 유대인층의 품위 없기 일쑤인 방어적 태도의 문제가 아니라, 널리 퍼진 반유대주의의 존재에 대한 거짓 부인의 문제, 유대인 부르주아지가 온갖 자기기만의 장치들로 무대에 올린 현실로부터의 고립의 문제였다. 카프카가 보기에, 그리고 단지 그에게만 그렇게 보인 건 아닌데, 그 고립은 반유대주의에 책임이 있다고 그들이 어리석게도 비난했던 유대인, 이른바 동유대인Ostjuden(동유럽에서 온 유대인)의 분리, 종종 적대적이었고 언제나 거만했던 분리를 내포하고 있었다. 이 모든 것에 있어 결정적 요인은 이 계층의 부유함이 단단히 한몫을 한 현실 상실이었다. "가난한 사람들의 경우 말하자면 어느 정도 세상이, 노동의 삶이 저절로 움막 안으로 밀어 닥치는 것이며 … 아름답게 치장된 가족실의 멍하고 독이 넘치는, 아이들을 소진시키는 공기가 들어오지 못하게 한다."[18] 그들은 유대인 사회와 싸웠는데, 왜냐하면 그 사회는 그들이 세계 안에서 있는 그대로, 가상 없이 살도록 — 그리하여 가령 (1922년의) 발터 라테나우 살해[71]에 각오가 되어 있도록 — 허락하지 않으려 했기 때문이다. 카프카에게는 "왜 그리 오래 그를 살려놨는지 이해할 수 없는" 일이었다.[19] 문제를 예리하게 만든 결정적 요인은 결국 그 문제가 다만 — 혹은 우선적으로라도 — 집과 가족을 떠남으로써 피할 수 있었을 세대 단절의 문제로 드러나지 않았다는 것이다. 결정적인 것은 독일유대계 작가 중 극소수만 이 문제에 영향을 받았다는 것이다. 이 소수는 이미 망각된 다른 모든 자들, 그렇지만 누가 누군지의 문제를 후세가 해결해놓은 오늘날에서야 분명하게 그들과 구별할 수 있는 다른 모든 자들에게 둘러싸여 있었다. (벤야민은 이렇게 썼다. "그들의 기능

---

71 독일 바이마르 공화국의 외무장관이었던 라테나우는 유대인이란 이유로 암살되었다.

은 정치적 관점에서 보면 당이 아니라 파벌이고, 문학적 관점에서 보면 학파가 아니라 유행이며 또 경제적 관점에서 보면 생산자가 아니라 브로커들인 것이다. 그들은, 그들의 빈곤을 화려하게 펼쳐 보이고 지루하기 짝이 없는 공허와 권태에 못 이겨 축제를 벌이는 브로커와 진부한 작가들인 것이다. 그들은 불유쾌한 상황에서 이보다 더 편하고 쾌적하게 자신을 적응시킬 수는 없었던 것이다."[20]) 앞서 언급한 편지에서 이 상황을 "언어적 불가능성들"을 통해 예시하고는 곧이어 "그것들은 다르게 일컬을 수도 있을 거야"라고 덧붙인 카프카는 이를테면 프롤레타리아 방언과 상류계급 산문 사이에 있는 "언어적 중간계급"을 가리킨다. 그것은 "잿더미일 뿐이야. 극성스러운 유대인들의 손에 파헤쳐짐으로써 오직 가상의 생명을 얻을 수 있는 잿더미."[72] 유대인 지식인 중압도적 다수가 이 "중간계급"에 속했다는 것은 덧붙일 필요도 없다. 카프카에 따르면, 그들은 "독일유대계 저술 전체의 지옥"을 구성했는데, 그 가운데 카를 크라우스는 얼마나 "그 자신이 이 지옥에서 벌 받아

---

[72] 프란츠 카프카, 『행복한 불행한 이에게: 카프카의 편지 1900~1924』, 서용좌 옮김, 솔출판사, 2004, 668-69쪽.

야 하는 자들 가운데 속[하는]"지 알아차리지 못한
채 "위대한 감독관이자 십장"으로 군림했다.[21] 비유
대계 관점에서는 이러한 것들이 아주 다르게 보일 수
있다는 것은 브레히트가 카를 크라우스에 대해 말한
것을 벤야민의 한 에세이에서 읽을 때 분명해진다.
"이 시대가 자신의 몸에 손을 대 자살했을 때 그가 바
로 그 손이었다"(*Schriften* II, 174 / 『선집 9』, 312).

그 세대의 유대인들에게(카프카와 모리츠 골트슈타
인은 벤야민보다 겨우 열 살 연상이었다), 가능했던 반
역 형태가 시온주의와 공산주의였다. 그들의 아버지
들이 종종 공산주의 반역보다 시온주의 반역을 더
신랄하게 비난했다는 것은 참작할 만하다. 양쪽 모
두 가상에서 현실로의, 허위와 자기기만에서 정직한
실존으로의 탈출로였다. 하지만 되돌이켜 보니 그렇
게 보이는 것뿐이다. 벤야민이 처음에는 미온적으로
시온주의를 시도하고 그다음에는 마찬가지로 미온
적으로 공산주의를 시도했을 당시에, 두 이데올로기
의 추종자들은 최고조의 적대감으로 서로 마주하고
있었다. 공산주의자는 시온주의자를 유대인 파시스
트라고 헐뜯고,[22] 시온주의자는 젊은 유대인 공산주

의자를 "붉은 동화주의자"라고 부르고 있었다. 놀랍
고도 아마 둘도 없는 방식으로 벤야민은 여러 해 동
안 자신에게 두 경로 모두 열어놓고 있었다. 그는 마
르크스주의자가 된 이후에도 오랫동안 팔레스타인
으로 가는 길을 고집하고 있었고, 마르크스주의에
경도된 친구들, 특히 그들 중 유대인 친구들의 의견
에 조금도 흔들리지 않았다. 여기서 분명히 알 수 있
듯이, 둘 중 어느 쪽 이데올로기의 "긍정적" 측면도
그의 관심을 거의 끌지 못했으며, 두 경우 모두 그에
게 중요한 것은 기존 상황의 비판이라는 "부정적" 요
소, 부르주아적 가상과 허위로부터의 출구, 문학적
이거나 학문적인 기득권층 바깥에 있는 위치였다.
이처럼 근본적으로 비판적인 태도를 ― 그것이 결국
그를 어떤 고립과 외로움으로 이끌고 갈지 십중팔구
생각해보지 않은 채 ― 채택했을 때 그는 꽤 젊었다.
그리하여 우리는 예를 들어 벤야민이 1918년에 쓴
편지에서, 외교 문제에서 독일을 대표한다고 주장하
는 발터 라테나우와 독일의 정신적 문제에서 유사한
주장을 하는 루돌프 보르하르트가 "거짓에의 **의지**",
"객관적 허위성"을 공통으로 갖는다는 내용을 읽는

다(*Briefe* I, 189 이하).[73] 둘 모두 자신의 작업을 통해 대의에 — 보르하르트의 경우 인민의 "정신적이고 언어적인 자산"이라는 대의에, 그리고 라테나우의 경우 국가라는 대의에 — "봉사"하길 원하지 않았으며, 자신들의 작업과 재능을 "절대적 권력의지에 봉사하는 최고 수단"으로 이용했다. 덧붙여, 자신의 "정신"을 경력과 사회적 지위에 봉사하도록 한 문필가들이 있었다. "문필은 한낱 지성의 표지 속에서 영위되는 삶이다. 매춘이 한낱 성의 표지 속에서 영위되는 삶이듯이"(*Schriften* II, 179 / 『선집 9』, 321). 매춘부가 성적인 사랑을 배신하듯이, 문필가는 정신을 배신한다. 유대인 가운데 최고였던 그가 문학 사업의 동료들에게서 용서할 수 없었던 것은 바로 이 정신에 대한 배신이었다. 같은 맥락에서 벤야민은 5년 뒤에 — 라테나우 암살 1년 뒤에 — 가까운 독일 친구에게 이렇게 썼다. "… 오늘날 유대인들은 그들이 **공적으로** 지지하는 가장 좋은 독일의 대의조차 망쳐 놓고 있어. 그들의 공적인 독일어 진술은 반드시 (보

73　1918년 5월, 에른스트 쇤에게.

다 깊은 의미에서) 구매 가능하니까. 그리고 진품확인서는 제시할 수 없으니까"(*Briefe* I, 310).[74] 더 나아가 그는 오로지 사적인 것, "독일인과 유대인의 은밀한 관계"만이 적법하고, "독일인-유대인과 관련해 공적으로 작용하는 모든 것은 해를 끼친다"라고 말했다. 이 말들에는 많은 진리가 있었다. 당시의 유대인 문제의 관점에서 쓴 이 말들은 "공공성의 빛이 모든 것을 어둡게 만든다"(하이데거)[75]라는 말이 옳은 말이 되는 어떤 시기의 어둠에 대한 증거를 제공한다.

이미 1913년에 벤야민은 부모의 집과 독일유대계 문학 사업에 대한 이중의 반역이라는 의미에서, "하나의 가능성으로서, 따라서 어쩌면 의무로서" 시온주의의 입장을 저울질해 보았다(*Briefe* I, 44).[76] 2년 뒤 그는 게르하르트 숄렘을 만났는데, 그때 그에게서 처음이자 단 한 번 "살아있는 형태의 유대주의"와

---

74 1923년 11월 18일, 랑에게.

75 하이데거는 "공공성의 빛"이라고 하지 않고 그냥 "공공성"이라고 했다. 하이데거는 이른바 공공성이 세인에 의해 지배되는 상황을 염두에 두고 있다. 마르틴 하이데거, 『존재와 시간』, 이기상 옮김, 까치, 1998, 177쪽.

76 1912년 8월 12일, 헤르베르트 벨모레에게.

조우했다. 곧이어, 거의 20년에 걸쳐, 팔레스타인으로 이주한다는 저 기이하고도 끝없는 고려가 시작되었다. "절대 불가능하지 않은 어떤 조건하에 나는 [팔레스타인으로 가려고] 결심한 것은 아니라 해도 준비는 되어 있어. 이곳 오스트리아에서 유대인들 (돈벌이를 하지 않는 품위 있는 유대인들)은 그것 말고 다른 건 이야기하지 않아." 1919년 그는 이렇게 썼다(*Briefe* I, 222).[77] 하지만 동시에 그는 그런 계획을, 필요한 일이라고 판명 나지 않는 한 실행될 수 없는, "폭력 행위"로 간주했다(*Briefe* I, 208).[78] 그런데 그러한 재정적 내지는 정치적 필요가 생길 때마다, 그는 계획을 재고했고 가지 않았다. 시온주의 환경 출신이었던 아내와 헤어진 뒤에도 그가 여전히 이에 대해 진지했는지는 말하기 어렵다. 하지만 파리 망명 중에도 그가 "연구들을 대강 확실히 결론지은 후 10월이나 11월에 예루살렘으로" 갈 수도 있다고 공언한 것은 확실하다(*Briefe* II, 655).[79] 마치 시온주의

---

[77] 1919년 11월 20일경, 휘네 카로에게.

[78] 1919년 4월 7일, 숄렘에게.

[79] 1935년 5월 20일, 숄렘에게.

와 마르크스주의 사이에서 흔들리고 있었던 것인 양
편지들에 엿보이는 그 우유부단 같은 것은 아마 모
든 해결책이 객관적으로 거짓이고 현실에 부적합할
뿐 아니라 개인적으로는 그를 — 모스크바라고 불리
는 구원이건 예루살렘이라고 불리는 구원이건 — 거
짓 구원으로 이끌 것이라는 그의 쓰라린 통찰에 기
인했을 것이다. 그는 그 자신의 위치 — "이미 허물
어지고 있는 돛대 꼭대기" 혹은 "살아 있을 때 죽었
으며 [잔해 가운데서] 진정으로 살아남은 자" — 가
갖는 긍정적 인지적 기회들을 자신에게서 박탈하게
될 거라고 느꼈다. 그는 현실에 조응하는 필사적 상
황에 터를 잡았다. 거기서 그는 자신의 글들을 "알코
올처럼 변성하기" 위해 남아 있고자 했다. 살아있는
그 누구도 "먹을 수 없는 것으로 만들 위험을 무릅쓰
고," 하지만 미지의 미래를 위해서는 더더욱 확실하
게 보존될 기회와 더불어서 말이다.[80]

이 세대에게 유대인 문제의 해결 불가능성은 그들

---

80 1931년 4월 17일, 숄렘에게. 알코올을 변성한다denature는 것
    은 음식용으로 전용되는 걸 방지하기 위해 소량의 변성제를
    첨가하는 것을 말한다.

이 독일어를 말하고 쓴다거나 그들의 "생산 기지"가 유럽에 — 벤야민의 경우, 베를린 서부나 파리에 — 위치하고 있다는 사실에만 있었던 게 절대 아니니까. 이와 관련해 벤야민은 "조금의 환상도 가지고 있지" 않았다(*Briefe* II, 531).[81] 결정적인 것은 이 사람들이 유대인 사회로도 유대주의로도 "복귀"하길 바라지 않았고 또 그렇게 하려고 욕망할 수도 없었다는 것이었다. 그들이 "진보"와 반유대주의의 자동적 소멸을 믿어서도 아니고, 또한 그들이 너무 "동화"되고 유대인 유산으로부터 너무 소외되어 있었기 때문도 아니다. 그보다는 오히려 모든 "소속"만큼이나 모든 전통과 문화가 그들에게 다 똑같이 의문스러워졌기 때문이다. 그들이 시온주의자들이 제안한 바로서의 유대인 울타리로의 "복귀"에서 잘못되었다고 느낀 것이 바로 이것이다. 유대민족의 구성원이 되는 것에 대해 카프카가 했던 말을 그들 모두가 했을 수도 있다. "… 나도 민족을 가졌다고 가정했을 때, 나의 민족…".[23][82]

---

81   1931년 4월 17일, 숄렘에게.

82   이 인용의 맥락은 이렇다. "건강해야 할 필요성에 대한 자네의

분명 유대인 문제는 이 세대의 유대인 작가들에게 매우 중요했으며, 그들이 쓴 거의 모든 것에서 그토록 현저한 개인적 절망의 많은 부분을 설명해준다. 하지만 그들 중 가장 명석한 자들은 개인적 갈등을 통해 훨씬 더 일반적이고 근본적인 문제로, 즉 서양 전통 전체의 적실성에 의문을 제기하는 것으로 이끌리게 되었다. 학설로서의 마르크스주의만이 아니라 공산주의 혁명 운동 또한 그들에게 강력한 매력을 발휘했는데, 왜냐하면 그것은 기존의 사회적·정치적 상황에 대한 비판 이상을 함축했으며, 정치적·정신적 전통의 총체를 고려에 넣었기 때문이다. 여하튼 벤야민에게 이 과거와 전통의 문제는 그 자체로 결정적이었다. 숄렘이 — 뭐가 문제인지 알지도 못하면서 — 마르크스주의에 내재한, 벤야민의 사유에 해가 되는 위험들을 경고하면서 전통의 문제를 제기했던 바로 그 의미에서 말이다. 숄렘이 말하기를, 벤야민은 "하만

논거는 아름답지만 유토피아적이야. 자네가 나에게 과제로 준 것은 내 양친의 결혼 침대 위에 있는 천사라면 아마 더 잘 실행했을 거야. 혹은 더 좋게는, 나도 민족을 가졌다고 가정했을 때, 나의 민족의 결혼 침대 위에 있는 천사라면." 『행복한 불행한 이에게』, 415쪽 참조.

과 훔볼트의 가장 결실 있고 가장 진정한 전통의 적법한 지속자"가 될 기회를 상실할 위험을 무릅쓰고 있었다(*Briefe* II, 526).[83] 숄렘은 "[벤야민의] 통찰의 도덕"에 호소했으며, 과거로의 그와 같은 회귀와 과거의 지속은 이 도덕이 반드시 배제하게 되어 있는 바로 그것이라는 것을 이해하지 못했다.[24]

위험을 무릅쓰고 그 시대의 가장 노출된 위치로 나아갔으며 고립이라는 충분한 대가를 치른 소수의 사람들이 적어도 자신을 새 시대의 선구자로 생각했다고 한다면 이는 솔깃하고, 정말 위안이 될 것이다. 하지만 전혀 그렇지 않았다. 카를 크라우스에 대한 에세이에서 벤야민은 이런 질문을 꺼낸다. 크라우스는 "새 시대의 문턱에" 서 있는가? "아니다, 결코 아니다. 그는 최후의 심판의 문턱에 서 있다"(*Schriften* II, 174 /『선집 9』, 312-13). 사실 뒷날 "새 시대"의 주인이 된 사람들은 모두 이 문턱에 서 있었다. 그들은 새 시대의 여명을 기본적으로 쇠퇴로 보았고, 이 쇠퇴로 이어지는 전통들과 더불어 역사를 폐허더미로 보았

---

83 1931년 3월 30일, 숄렘이 벤야민에게.

다.[25] 그 누구도 「역사철학테제」의 벤야민보다 이를 더 분명하게 표현하지 않았다. 그리고 그 어디에서도 그는 1935년 파리에서 쓴 편지에서보다 이를 더 명확하게 말하지 않았다. "그런데, 나는 이런 세계 상태를 이해하려는 강박에 좀처럼 굴복한 적이 없어. 이 행성에서 이미 수많은 문명들이 피와 공포 속에서 사라졌어. 당연히 우리는 어느 날 이 행성이 피와 공포를 단념한 문명을 경험하기를 행성을 위해 소망해야 겠지. 그래, 나는 … 우리 행성이 그것을 기다리고 있는 중이라고 가정하고 싶어. 하지만 **우리**가 행성의 백만 번이나 사백만 번째 생일에 이 선물을 줄 수 있을지 지독히 의심스러워. 그리고 우리가 그렇게 하지 않으면, 행성은 결국 행성의 사려 깊지 못한 하객인 우리에게 최후의 심판을 내놓을 거야"(*Briefe* II, 698).[84]

그래, 이런 측면에서, 지난 30년은 새롭다고 불릴 수 있는 것을 거의 가져오지 않았다.

---

84 1935년 10월 28일, 베르너 크라프트에게. "최후의 심판"의 독일어 Weltgericht에서 Gericht는 심판이라는 뜻도 있고 요리라는 뜻도 있다.

3. 진주 잠수부

§

다섯 길 물속에 아버지가 누웠으니

아버지의 뼈는 산호가 되고,

아버지의 두 눈은 진주가 되어,

아버지의 모든 것은 사라지면서

바다-변화를 겪고 모습이 변해

풍요롭고 낯선 것들이 된다.

— 『태풍』, 1막 2장[85]

---

[85] 『셰익스피어 전집』, 이상섭 옮김, 문학과지성사, 2016, 1623쪽.
"바다-변화"는 "sea-change"를 번역한 것이다. 기존 셰익스
피어 번역본 중 이걸 이렇게 번역하는 건 김정환 번역본(『폭풍
우』, 아침이슬, 2008)뿐이다. 셰익스피어의 이 표현은 훗날 영어
에서 완전한 변화를 뜻하는 관용어가 되었다. 김정환은 이 작
품에 나오는 "sea-sorrow", "sea-storm" 역시 "바다-슬픔",
"바다-폭풍우"로 일관되게 번역하고 있다. 다만 시 전체 번역
은 이상섭 번역본이 더 좋아 보여, 그걸로 인용했다.

과거는 전통으로 전수되는 한 권위를 갖는다. 권위는 역사적으로 제시되는 한 전통이 된다. 발터 벤야민은 그의 생애 중에 발생한 전통 붕괴와 권위 상실이 수선 불가능하다는 걸 알았으며, 과거를 다룰 새로운 방법을 발견해야 한다는 결론을 내렸다. 과거의 전수 가능성이 과거의 인용 가능성으로 대체되었다는 것을 발견했을 때, 그리고 과거의 권위 대신에 어떤 이상한 힘이 생겨나서 조금씩 현재에 정착하면서 현재로부터 "마음의 평화", 즉 아무 생각 없는 자기만족의 평화를 약탈한다는 것을 발견했을 때, 벤야민은 과거를 다룸에 있어 주인이 되었다. "내 글에 등장하는 인용문들은 무장을 하고 나타나 한가롭게 지나가는 행인에게서 확신을 빼앗는 약탈자와 같다"(*Schriften* I, 571 / 『선집 1』, 149). 인용의 근대적 기능에 대한 이 발견은 ─ 이를 카를 크라우스를 통해 예시한 벤야민에 따르면 ─ 절망으로부터 태어났다. 토크빌의 경우처럼 "미래를 비추기를" 거부하고 인간 정신이 "어둠 속에서 걷[도록]"[86] 내버려두는 과거에 대한

─────────────────────

86 알렉시 드 토크빌, 『미국의 민주주의 II』, 임효선·박지동 옮김, 한길사, 1997, 903쪽.

절망이 아니라, 현재에 대한 절망으로부터, 그리고 현재를 파괴하려는 욕망으로부터. 따라서 인용의 힘은 "보존하는 힘이 아니라 정화하고, 맥락에서 떼어내고, 파괴하는 힘이다"(Schriften II, 192 / 『선집 9』, 344). 그렇지만, 이 파괴적인 힘의 발견자이자 애호가들은 원래는 전적으로 다른 의도, 즉 보존하려는 의도에 의해 고무되었다. 주변에 깔린 직업적 "보존가들"에게 순순히 우롱당하지 않았기에, 결국 그들은 인용의 파괴적인 힘이 "이 시대에서 무언가가—그 무언가를 이 시대에서 뜯어냈기 때문에—살아남으리라는 희망이 놓여 있는 유일한 힘"이라는 것을 발견했다.[87] 이런 "사유 조각"의 형태로, 인용은 서술의 흐름을 "초월적 힘"(Schriften I, 142 - 43)[88]으로 중단시키고, 동시에 서술된 것을 응집시키는 이중의 과제를 갖는다. 벤야민의 저술에서 인용의 비중을 말하자면, 그 인용들은 중세 논고들에서 그토록 자주 논증의 내재적 정합성을 대체하는, 전혀 성질이

---

87 『선집 9』, 344쪽.

88 발터 벤야민, 『독일 비애극의 원천』, 최성만·김유동 옮김, 한길사, 2009, 38쪽.

다른 성서 인용들에 견줄 수 있을 뿐이다.[89]

나는 이미 수집이 벤야민의 중심 열정이라고 말했다. 그것은 그 스스로 "장서벽"이라고 불렀던 것과 더불어 일찍이 시작되었다. 하지만 곧 사람이 아니라 작업과 관련해서 훨씬 더 특징적인 어떤 것으로, 즉 인용들의 수집으로 확장되었다. (그가 설마 책 수집을 그만두었다는 게 아니다. 프랑스 함락 직전 그는 그 당시 다섯 권으로 나온 그의 카프카 선집을 카프카 초기 저작 초판 몇 권과 교환하는 것을 진지하게 고려했다. 애서가가 아니라면 당연히 누구도 이해하지 못할 수밖에 없었던 일이다.) "장서를 소유하려는 내적인 욕구"(*Briefe* I, 193)[90]는 벤야민이 자신의 연구에서 "전통을 다시 한번 구출해낸 마지막 운동"(*Briefe* I, 138)[91]으로서 낭만주의로 관심을 돌릴 때인 1916년경 부상했다. 상속인과 후래자를 그토록 특징짓는, 과거에 대한 이 열정에도 어떤 파괴적 힘이 작동하고 있다는 것을 벤야민은 훨

---

89 벤야민의 인용과는 전혀 성질이 다른 중세 논고의 인용은 논고에서 허용된 권위적 성서 인용을 말한다. 이에 대해서는 『독일 비애극의 원천』, 36-7쪽을 볼 것.

90 1918년 6월 17일, 에른스트 쇤에게.

91 1917년 6월, 게르하르트 숄렘에게.

씬 더 나중에 가서야 발견했다. 전통에 대한, 그리고 세계의 파괴 불가능성에 대한 신념을 이미 잃었을 때에. (이는 곧 논의될 것이다.) 저 당시에는, 숄렘을 통해 용기를 얻어, 자신이 전통으로부터 소원해진 것은 아마 유대인이기 때문이며, 예루살렘 이주를 준비 중이던 그 친구에게 그렇듯 자신에게도 돌아갈 길이 있을 거라고 여전히 믿고 있었다. (일찍이 1920년에, 아직은 재정적 걱정으로 심각하게 괴로워하고 있지 않을 때, 그는 히브리어를 배우겠다고 생각했다.) 그는 이 길에서 결코 카프카만큼 멀리까지 가지 않았다. 카프카는, 온갖 노력을 다하고 나서, 결국은 부버가 현대적 어법에 맞게 막 준비해두었던 하시드 이야기들을 제외하면 유대교의 그 무엇도 필요 없다고 직설적으로 말했다.[92] "다른 모든 것 속으로는 그저 바람에 휘몰려 들어가고, 또 다른 바람이 나를 밖으로 다시 떠밀어낸다네."[26] 그렇다면 벤야민은, 온갖 의심에도 불구하고, 독일이나 유럽의 과거로 되돌아가서 그 문학의 전통에 조력할 생각이었는가?

---

92 부버는 정통 유대교에서 벗어난 하시디즘의 이야기들을 모아 책으로 출간한 적이 있다.

아마도 그가 마르크스주의로 향하기 전인 1920년대 초에, 바로 이러한 형태로 문제가 그에게 제시되었을 것이다. 바로 이때 그는 독일 바로크 시대를 하빌리타치온 논문 주제로 선택했다. 이 선택은 미결 상태에 있는 이 문제 전체의 애매성을 보여주는 아주 특징적인 선택이었다. 왜냐하면 독일의 문학과 시 전통에서 바로크는, 위대한 교회 합창곡을 예외로 하면, 결코 진정으로 살아있던 적이 없었으니까. 열여덟 살 때 괴테가 독일문학은 절대 더 나이가 많지 않다고 말한 것은 옳았다. 그리고 벤야민의 선택은, 이중의 의미에서 바로크적인바, 카발라를 경유하여 유대주의에 접근하려는 숄렘의 기이한 결정에서 정확한 대응물을 갖는다. 카발라는, 히브리 문학에서 유대 전통을 통해 전수되지 않으며 전수될 수도 없는 부분으로서, 유대 전통 안에서 언제나 뭔가 평판이 지독히도 좋지 않은 냄새를 풍겼다. 오늘날 돌이켜보면 이렇게 말할 수 있을 텐데, 독일이나 유럽 전통으로건 유대 전통으로건 그 어떤 "복귀"도 존재하지 않는다는 것을 이 연구 분야들의 선택보다 더 분명하게 보여주는 것은 없다. 과거는 전수되지 않은 것들, 이국적 성격 때문에 현재와 가까워 보이며 그렇기에 그 어떤 경우에도 구속적 권위를 주장할 수 없는 것들을 통해서만 직접 말한다는 것이 암묵적으로 인정되고 있었다. 의무적 진리들은 좌우간 무슨 의미가 있거나 흥미로운 것으로 대체되었다. 그리고 이는 물론 ─ 벤야민이 누구보다 잘 알고 있었듯이 ─ "진리의 일관성이 상실되었다"(*Briefe* II, 763)[93]는 것을 의미했다. 이 "진리의 일관성"을 형성한 속성들 중 두드러진 것은, 적어도 초기의 철학적 관심이 신학적으로 고무되었던 벤야민에게는, 진리는 비밀과 관련이 있다는 것, 그리고 이 비밀의 계시는 권위를 갖는다는 것이었다. 치유 불가능한 전통 붕괴와 권위 상실을 완전히 알게 되기 직전에 벤야민이 말했듯이, 진리는 "비밀을 파괴하는 폭로가 아니라 비밀에 부응하는 계시"다(*Schriften* I, 146).[94] 이 진리가 일단 적절한 역사적 순간에 인간 세계로 ─ 정신의 눈을 통해 시각적으로 지각 가능하며 우리가 "비은폐성"(하이데거의 "Unverborgenheit")으로 이해하

---

93 1938년 6월 12일, 숄렘에게.

94 『독일 비애극의 원천』, 41쪽.

는 그리스의 아-레테이아^a-letheia로서건,[95] 아니면 유럽의 계시 종교들을 통해 알고 있는 청각적으로 지각 가능한 신의 말로서건 — 들어오면, 바로 그 특유의 "일관성"이 진리를 이를테면 만질 수 있는 것으로 만들며, 그래서 그것은 전통에 의해 전수될 수 있었다. 전통은 진리를 지혜로 변형하며, 지혜는 전수 가능한 진리의 일관성이다. 다시 말해서, 진리는 우리의 세계 안에 나타난다고 해도 지혜에 이르지 못할 것인데, 왜냐하면 진리의 타당성에 대한 보편적 인정을 통해서만 획득할 수 있는 특성들을 더 이상 갖지 못하기 때문이다. 벤야민은 이 문제들을 카프카와 연관 지어 논하면서 이렇게 말한다. 물론 "카프카는 결코 이런 상황에 직면한 첫 인물은 아니야. 많은 이들이 그 상황에 적응해왔어. 진리 내지는 그들이 그때마다 진리라고 간주하는 것을 고수하면서. 무겁거나 혹은 실로 좀 더 가벼운 마음으로, 진리의 전수 가능성을 포기하면서. 카프카의 진정한 천재는 전적으로 새로운 무언가를 시도한 것이었어. 그는 전수

---

95 하이데거는 고대 그리스어 "a-letheia"를 "비은폐성"으로 번역하면서, 진리를 다른 그 무엇도 아닌 비은폐성과 등치시킨다.

가능성을 고수하기 위해 진리를 넘겨주었지"(*Briefe* II, 763).[96] 카프카는 전통적 우화에 결정적 변화를 꾀함으로써 혹은 전통적 양식의 새로운 우화를 발명함으로써 그렇게 했다.[27] 그렇지만 그것들은 "교리의 발아래 얌전하게 앉아 있지 않는다." 그것들은 교리에 맞서 "육중한 발톱을 예기치 않게 들어올린다."[97] 과거의 바다 밑을 붙잡으려는 카프카의 손 뻗기조차도 보존하려 함과 파괴하려 함이라는 이 특이한 이중성을 지니고 있었다. 카프카는 그것을, 진리가 아님에도, (벤야민이 레스코프와 관련해 말하듯[98]) 다만 이 "사라지고 있는 것 속에 있는 새로운 아름다움"을 위한 것이라고 해도, 보존하길 원했다. 다른 한편, 그는 하나의 단단한 덩어리로 전해 내려온 것으로부터 "풍요롭고 낯선" 것, 산호와 진주를 캐내는 것 말고는 전통의 주문을 깰 더 효과적인 방법이 없다는 것을 알았다.

벤야민은 그 자신의 열정이었던 수집가의 열정을

---

96 1938년 6월 12일, 숄렘에게.

97 같은 편지.

98 이와 관련해서는 『선집 9』, 422쪽 참조.

분석함으로써, 과거와 관련한 제스처의 이 애매성을 예시했다. 수집은 쉽게 이해되지 않는 다양한 동기로부터 온다. 수집은 ― 벤야민은 아마 이를 강조한 최초의 인물이었을 텐데 ― 아이들의 열정이다. 아이들에게 사물은 아직 상품이 아니며, 유용성에 따라 가치가 매겨지지 않는다. 수집은 또한 부유한 자들의 취미다. 그들은 유용한 것이 더 이상 필요하지 않을 만큼 충분히 소유하고 있으며, 따라서 "사물의 미화"를 자신의 일로 삼을 여유가 있다(*Schriften* I, 416 / 『선집 5』,[99] 201). 이때 그들은 필연적으로 아름다운 것을 발견해야만 하는데, 아름다운 것이 인정되려면 "무관심적 흡족"(칸트)이 필요하다. 어느 경우든, 수집된 대상은 애호 가치만을 소유하며 그 무슨 사용 가치도 갖지 않는다. (벤야민은 수집이 또한 매우 안전하고 종종 수익성이 높은 투자 형태일 수도 있다는 사실을 아직 알지 못했다.) 그리고 수집이 (그 무엇에도 "쓸모있는" 게 아니기 때문에 사용 대상의 일상세계로부터 원래 떨어져 있는 예술 대상만이 아니라) 어떤 범주

---

99 『역사의 개념에 대하여 / 폭력비판을 위하여 / 초현실주의 외: 발터 벤야민 선집 5』, 최성만 옮김, 길, 2008.

의 대상이건 붙잡을 수 있는 한에서, 또한 그렇기에 그 대상을 — 대상이 더 이상 어떤 목적을 위한 수단이 아니라 고유한 가치를 갖기에 — 말하자면 사물로서 구원할 수 있는 한에서, 벤야민은 수집가의 열정을 혁명가의 열정과 유사한 어떤 태도로 이해할 수 있었다. 혁명가처럼, 수집가는 "먼 세계 또는 지나간 세계에 가 있는 꿈만 꾸는 것이 아니라 동시에 보다 더 나은 세계에 가 있는 꿈을 꾸는데, 이 더 나은 세계에서 사람들은 일상세계와 마찬가지로 자신에게 필요한 것을 얻지 못하지만, 사물들은 유용해야 한다는 노역으로부터 해방되어 있다"(*Schriften* I, 416 / 『선집 5』, 201-2). 수집하기는 인간의 구원을 보완할 사물의 구원이다. 심지어 책을 읽는 것조차 진정한 애서가에게는 미심쩍은 무언가다. "아나톨 프랑스는 어느 날 그의 서재를 보고 감탄하고는 … '너 이 책들 다 읽었어?'라고 묻는 어느 속물의 물음에 다음과 같이 대답하였다. '아니. 십분의 일도 읽지 않았어. 혹시 너는 매일같이 세브르 도자기로 식사를 해?'"(「나의 서재 공개」)[100] (벤야민의 서재에는 희귀한 어린이책과 정신병자의 책 수집품도 있었다. 그는 아동심리학에도 정신의학에도 관심이 없었기에, 그의 보물에 속하는 다른 많은 것들처럼 이 책들은 문자 그대로 그무엇에도 쓸모있지 않았으며, 오락을 위해서도 가르침을 위해서도 도움이 되지 않았다.) 이와 밀접하게 연결되어 있는 것은 벤야민이 수집된 대상들에 대해 명시적으로 주장하는 물신의 성격이다. 수집가에게도, 수집가에 의해 결정되는 시장에서도 결정적인 진품성 가치는 "제의가치"[101]를 대체했다. 진품성의 가치는 제의가치의 세속화다.

이러한 성찰들에는, 벤야민에게서 종종 그렇듯, 무언가 재치 있는 것이 달라붙는데, 이것은 대개 아주 견실한 본성을 지닌 그의 본질적 통찰들의 특징이 아니라, 그에게 특유한 정신 안에서의 소요의 특징이다. 여기서 그는 도시 안에서의 소요객처럼, 지적인 탐사 여정의 안내자로 우연을 믿는다. 과거의 보물들 사이를 거니는 것이 상속자의 호화로운 특권이듯, "수집가의 태도는 … 최고의 의미에서 유산상속자의

100 발터 벤야민, 「나의 서재 공개」, 『발터 벤야민의 문예이론』, 반성완 옮김, 민음사, 1992, 33쪽.
101 같은 글, 38쪽.

태도"(같은 글)[102]인데, 그는 사물을 소유함으로써 ―
그런데 "소유는 사물에 대해 가질 수 있는 가장 깊은
관계"(같은 글)[103] 이다 ― 현재에 방해받지 않으면서
"해묵은 세계를 새롭게 하기" 위해 과거 안에 자리를
잡는다. 그리고 이 수집가 안에 있는 이 "가장 깊은
충동"은 아무런 공적 중요성도 전혀 갖지 않고 순전
히 사적인 취미로 귀결되기 때문에, "진정한 수집가
의 시각에서 말해지는" 모든 것은 ― "가난하기 때문
에 책을 쓰는 게 아니라 살 수는 있어도 마음에 들지
않는 책에 대한 불만 때문에 책을 쓰는"(같은 글) 한
작가에 대한 참으로 장 파울적인 표상이 바로 그렇
듯[104] ― 분명 "별난" 것으로 보일 것이다. 그렇지만
더 가까이 들여다보면, 이 별남에는 굉장히 주목할
만한 몇 가지 특징이 있다. 우선, 수집가가 공적인
영역으로부터 사생활로 물러날 뿐 아니라 자신의 사
적 소유 속에서 한때 공적 영역에 속했던 것들을 손
에 넣고는 그의 말마따나 구출해내는 이 시대 특유

---

102 같은 곳.
103 같은 글, 39쪽.
104 같은 글, 32-3쪽.

의 제스처가 있다. (이는 물론 오늘날의 수집가, 즉 시장 가치를 갖거나, 자신이 평가하기에 갖게 될, 혹은 자신의 사회적 지위를 높일 수 있는 그 무엇이건 움켜잡는 수집가가 아니라, 벤야민처럼 가치 없는 것으로 간주되는 이상한 것들을 구하는 수집가다.) 게다가, 과거 그 자체를 위한 과거에 대한 열정 안에서 ― 그런데 그 열정은 현재 그 자체에 대한 경멸에서 태어났으며, 따라서 객관적 질을 신경 쓰지 않는다 ― 이미 아주 주목할 만한 특징이 엿보인다. 이 "상속자"의 손 안에서 전통이 등한시되고 있으며 전통의 가치들이 처음 보았을 때 생각했던 만큼 그렇게 잘 보존되지 않고 있음을 암시하는 특징이.

전통은 본래 과거에 질서를 부여한다. 연대기적으로만이 아니라 체계적으로. 즉 전통은 긍정적인 것을 부정적인 것과 분리하고, 정통을 이단과 분리하고, 의무적이고 적절한 것을 부적절하거나 그저 흥미롭기만 한 의견과 자료의 덩어리와 분리한다. 반면에 수집가의 열정은 비체계적일 뿐 아니라 거의 혼돈 상태에 가까운데, 열정이라서 그렇다기보다는 그 열정이 일차적으로는 분류될 수 있는 대상의 질에 의해 붙이

켜지는 게 아니라 그 어떤 체계적 분류도 거역하는 대상의 "진품성", 유일무이함에 의해 불이 켜지기 때문이다. 그러므로, 전통은 구별 짓는 반면에, 수집가는 모든 차이를 평준화한다. 그리고 이 평준화는— 즉 "긍정적인 것과 부정적인 것 … 애호와 거부가 여기서 인접해 있다"(*Schriften* II, 313)[105]는 것은— 수집가가 전통 그 자체를 자신의 전문 분야로 만들고 전통의 인정을 받지 못한 모든 것을 신중하게 배제했다 하더라도 발생한다. 수집가는 전통에 맞서 진품성의 기준을 내세우며, 권위적인 것에 맞서 기원의 표지를 내세운다. 이러한 사고방식을 이론적 용어로 표현하자면, 수집가는 내용의 질에 맞서 순수한 본원성이나 본래성을 내세우는데, 프랑스 실존주의만이 이를 모든 특별한 성질들로부터 분리된 성질 그자체로 만들었다. 이러한 사고방식을 논리적 결론으로까지 가지고 간다면, 원래의 수집가 충동에 이상한 역전이 일어난다. "진짜 그림은 오래된 것일 수도

---

105 "Wider ein Meisterwerk", *GS* 3, p. 257. "Against a Master-piece", *SW* 2, p. 382. 『발터 벤야민 평전』의 옮긴이는 이 글 제목을 "훌륭한 저서에 반론을 제기함"(442쪽)이라고 옮겨놓고 있다. 이 글은 한국어로 번역되어 있지 않다.

있다. 하지만 진짜 사유는 새롭다. 그것은 현재의 것이다. 물론 이 현재는 보잘것없을 수도 있다. 하지만 아무리 그렇더라도, 우리는 과거에 문의하기 위해서 현재를 두 뿔을 잡고서 견고하게 붙잡아야 한다. 현재는 황소, 떠난 자들의 혼백이 구덩이 가장자리에서 나타나려면 그 피로 구덩이를 채워야만 하는 황소다"(*Schriften* II, 314).[106] 과거를 소환하기 위해 희생된 이 현재로부터, 전통과 권위로서의 과거를 거스르는 "사유의 치명적 충격력"이 유래한다.

그 상속자 겸 수호자는 이렇듯 예기치 않게 파괴자로 변한다. "크게 오해를 받는, 수집가의 진정한 열정은 언제나 무정부주의적이고 파괴적이다. 그것의 변증법은 바로 이런 거니까: 어떤 대상, 개별 물품, 그가 간직하고 있는 것들한테 전형적인 것, 분류될 수 있는 것에 반대하는 완고한 전복적 항변을 성심을 다해 결합하기."[28] 수집가는 그의 대상이 한때 더 큰 살아있는 존재자의 일부로 있었던 그 맥락을

---

106 같은 글, *GS* 3, p. 259. *SW* 2, p. 383. 여기서 벤야민은 호메로스의 『오디세이아』 11권 앞부분을 참조하고 있다. 오디세우스는 구덩이 위에서 희생제물의 목을 베며, 그렇게 해서 구덩이로 흘러내린 피를 통해 죽은 자의 혼백들을 소환한다.

파괴한다. 그리고 유일무이하게 진짜인 것만이 그에게 소용이 있으므로, 그는 선택된 대상에서 전형적인 일체의 것을 씻어내야 한다. 소요객이라는 형상만큼이나 구식인 수집가라는 형상이 벤야민에게서 이처럼 탁월하게 근대적인 자질을 띨 수 있었던 것은 역사 그 자체가, 즉 금세기 초 발생한 전통 붕괴가 이미 그에게서 이 파괴의 과업을 덜어주었고, 그래서 그는 단지 이를테면 허리를 굽혀 잔해더미에서 그의 귀중한 파편들을 가려내기만 하면 되었기 때문이다. 다시 말해서, 사물들 자체가, 특히 현재를 견고하게 직면하고 있는 사람에게, 이전에는 수집가의 별난 관점에서만 발견될 수 있었던 측면을 내밀었다.

　나는 벤야민이 언제 자신의 구식 성향과 시대 상황의 주목할 만한 일치를 발견했는지 알지는 못한다. 분명 1920년대 중반이었을 것인데, 그때 그는 카프카를 진지하게 다루기로 했는데, 하지만 이내 브레히트에게서 이 시대에 부응하는 시인을 발견했다. 나는 벤야민이 하룻밤 사이에 혹은 적어도 일 년 안에 책 수집에서 벤야민 특유의 인용 수집으로 강조점을 변경했다고 말하려는 게 아니다. 비록 의식적인 강조

변경의 어떤 증거가 편지들에 있지만 말이다. 여하튼, 검정 덮개의 작은 노트만큼 1930년대 그의 특징을 드러내는 것도 없는데, 그는 항상 그 노트를 지니고 다녔고, 그곳에다가 일상생활과 독서에서 건진 "진주"와 "산호"라고 할 만한 것을 인용이라는 형태로 지칠 줄 모르고 기입했다. 이따금 그는 그것들을 소리 내어 읽었고, 정선된 귀중한 수집품처럼 구경시켜주었다. 그리고 더 이상 별나지 않은 이 수집품을 보면, 18세기의 잘 알려지지 않은 사랑시 옆에 있는 최신 뉴스 기사를 어렵지 않게 발견할 수 있다. 즉 고에킹크의 시 「첫눈이 내릴 때」 옆에서 1939년 여름 빈으로부터의 다음과 같은 보도를: 지역 가스 회사는 "유대인에게 가스 공급을 중단했다. 유대인 인구의 가스 소비는 가스 회사에 손실을 초래했다. 이 가장 큰 소비자들이 요금을 납부하지 않았기 때문이다. 유대인들은 특히 자살용으로 가스를 사용했다"(*Briefe* II, 820).[107] 여기서 세상을 떠난 자들의 혼백이 이제 실로 오로지 현재의 희생제물 구덩이로부

---

[107] 1939년 6월(?), 마르가레테 슈테핀에게.

터 소환되었다.

과거의 잔해에서 조각과 파편을 모으는, 겉보기에 별난 수집가 형상이 전통 붕괴와 밀접한 친연성을 갖는다는 것을 가장 잘 예증해주는 것은 아마 얼핏 보면 놀라운 다음과 같은 사실일 것이다. 즉 전통에 의해 오랫동안 망각된 것들이 대부분인 오래된 것들, 태고의 것들이 수십만 개의 복제본으로 도처의 학생들에게 배포되는 일반 교육 자료가 된 적은 우리 시대 이전에는 없었을 것이라는 사실. 1940년대 이후로 상대적으로 전통이 없는 미국에서 가장 두드러졌던 이 굉장한 소생, 특히 고대의 소생은 1920년대에 유럽에서 시작된 것이었다. 유럽에서 그것은 전통 붕괴의 치유 불가능성을 가장 분명하게 인식한 사람들에 의해 개시되었다. 그러므로 독일에서는 ─ 그리고 독일에서만 그런 것은 아닌데 ─ 다른 누구보다도 마르틴 하이데거에 의해 개시되었다. 1920년대에 하이데거의 비범한, 그리고 비범하게 이른 성공은 본질적으로 "과거에 골몰하지 않고 현재를 숙고하는 전통에 귀 기울이기" 덕분이었다.[29] 스스로 깨닫지는 못했지만 벤야민은, 마르크스주의 친구들의 변증법적 섬세

함보다는, 하이데거의 엄청나게 예민한 감각 — 살아 있는 눈과 살아있는 뼈에서 진주와 산호로 바다-변화되었고, 새로운 사유의 "치명적 충격력"을 가해 해석하면서 맥락에 폭력을 가함으로써만 그 자체로 구제되어 현재로 들어올릴 수 있는 것에 대한 — 과 실제로 더 공유하는 것이 많았다. 앞서 인용한 괴테 에세이의 마무리 문장("오로지 희망 없는 자들을 위해 우리에게 희망이 주어져 있다.")이 마치 카프카가 쓴 것처럼 들리듯, 꼭 그렇게 1924년 호프만슈탈에게 보낸 편지에 나오는 다음 구절은 1940년대와 50년대에 쓴 하이데거의 글들을 연상시키니까 말이다. "나의 문학적 시도들에서 나를 인도하는 확신[은] … 각각의 진리가 자신의 집을, 선조의 궁전을 언어 속에 가지고 있다는 것, 이 궁전은 가장 오래된 말들^{logoi}로 지어졌다는 것, 그렇게 근거 지어진 진리에 비해 개별 학문들의 통찰은, 용어에 무책임한 자의성을 각인하는 언어의 기호성을 확신하면서 언어의 영역 여기저기서 말하자면 유목민처럼 지내는 한에서, 열등한 채로 남아 있다는 것"이다(*Briefe* I, 329).[108] 벤야민의 초기 언어철학적 작업의 정신으로는, 진리가 "의도의 죽음"이듯, 말은 "외부로 향하는 모든 전달의 반대"다. 진리를 구하는 그 누구든 사이스의 베일에 가린 상에 관한 우화에 나오는 남자처럼 될 것이다.[109] "그러한 결과를 낳는 것은 그 실상의 수수께끼 같은 끔찍함이 아니라 진리의 본성, 즉 그 앞에서는 가장 순수한 탐구의 불길마저 물속에서처럼 꺼져버리는 진리의 본성이다"(Schriften I, 151, 152).[110]

괴테 에세이부터 계속해서 인용은 벤야민의 모든 작업의 중심에 있었다. 바로 이 사실로 인해 그의 저술은 모든 종류의 학술적 저작과 구별된다. 후자의 경우 의견을 입증하고 뒷받침하는 것이 인용의 기능인데, 그렇기에 인용은 아무 문제 없이 주석란으로 밀려날 수 있다. 벤야민에게 이는 불가능한 일이다. 독일 비애극 연구 작업을 하고 있을 때, 그는 "아주 체계적이고도 명료하게 정리된 600개 이상의 인용

---

108 1924년 1월 13일, 호프만슈탈에게.

109 실러의 시 「사이스의 베일에 가린 상」. 한 젊은이가 진리에 대한 열망에 이끌려 이집트의 사이스로 여행을 한다. 그는 사제의 경고를 무시하고 진리의 베일을 들추어보며, 죽은 채 발견된다. 『독일 비애극의 원천』, 47쪽에서 벤야민은 이 우화를 언급한다.

110 『독일 비애극의 원천』, 47, 48쪽.

들"(*Briefe* I, 339)[111]을 자랑했다. 나중의 노트들과 마찬가지로, 이 수집품은 집필을 용이하게 하려는 의도를 갖는 발췌 축적물이 아니라 저술을 부차적인 것으로 삼는 주 작업을 구성하고 있었다. 주 작업은 조각들을 맥락에서 떼어내고, 그 조각들이 서로를 예증하면서 말하자면 자유롭게 부유하는 상태에서 자신들의 존재 이유를 증명할 수 있는 방식으로 새롭게 조각들을 배치하는 것이었다. 그것은 확실히 일종의 초현실주의 몽타주였다. 전적으로 인용들로 이루어진 작품, 너무나도 능수능란하게 편집되어서 동반되는 텍스트가 전혀 필요 없는 작품을 만든다는 벤야민의 이상은 별나고 자기파괴적이라는 인상을 줄 수도 있다. 하지만 그것은 유사한 충동에서 나온 동시대의 초현실주의적 실험들만큼이나 그런 게 아니었다. 저자가 쓴 동반되는 텍스트를 피할 수 없는 한, 그것은 "그러한 연구들의 의도", 즉 "언어와 사유의 깊이를 파헤치기만 하는 게 아니라 천공한다"고 하는 의도를 보존하고, 인과적 내지는 체계적 연관

---

111 1924년 3월 5일, 숄렘에게.

을 제공하려는 설명으로 모든 걸 망치지 않는 방식으로 작품을 형성해내는 문제였다(*Briefe* I, 329).[112] 그렇게 하면서 벤야민은 이 새로운 "천공"의 방법이 어떤 "통찰의 강제"를 낳는다는 것을, 그러한 통찰들의 "조야한 꼼꼼함은 통찰의 위조라는 오늘날 거의 보편적인 습관보다 물론 낫다"는 것을 잘 알고 있었다. 이 방법이 "어떤 모호함의 원인"이 될 수밖에 없다는 것 역시 잘 알고 있었지만 말이다(*Briefe* I, 330).[113] 무엇보다도 그에게 중요했던 것은, 주어진 연구 주제가 독자나 관객에게 손쉽게 전달되거나 전달 가능해지는 메시지를 담고 있는 양, 감정이입을 연상시킬 수 있는 일체의 것을 피하는 것이었다. "**어떤 시도 독자를, 어떤 그림도 관객을, 어떤 교향악도 청중을 향해 있는 것이 아니다**"(「번역자의 과제」, 강조는 필자).[114]

꽤 일찍 쓴 이 문장은 벤야민의 문학비평 전체를 위한 좌우명이라고 할 수 있을 것이다. 그것은 당시

---

112 1924년 1월 13일, 호프만슈탈에게.

113 같은 편지.

114 『언어 일반과 인간의 언어에 대하여 / 번역자의 과제 외: 발터 벤야민 선집 6』, 최성만 옮김, 길, 2008, 121쪽.

에도 이미 온갖 유형의 한낱 변덕스러운 충격 효과와 "겉치레"에 꽤 익숙해 있었던 청중에 대한 또 하나의 다다이즘적 모욕으로 오해되지 말아야 한다. 오히려 여기서 벤야민이 관심을 두는 것은 다음과 같은 것이다. 즉 어떤 사태들, 특히 언어적 본성을 갖는 어떤 사태들은 "애당초 인간에게만 관련되어 있는 게 아니었다면 훌륭한 의미, 아니 어쩌면 최상의 의미를 보유한다. 그리하여 설사 사람들이 잊었다고 할지라도, 잊을 수 없는 삶이나 순간에 대해 말할 수 있을 것이다. 그러니까 그 삶과 순간이 잊히지 않아야 한다고 요구한다면, 그 술어는 전혀 잘못된 것이 아니며, 오히려 사람들이 부응하지 않는 어떤 요구를 내포할 것이고, 그와 동시에 어쩌면 그 요구에 부응**하는** 어떤 영역, 즉 신의 기억에 대한 지시까지도 내포할 것이다"(같은 글).[115] 벤야민은 나중에 이 신학적 배경을 포

---

[115] 『선집 6』, 123쪽. 사람들이 다 잊는다 해도 "잊을 수 없는 순간"이라는 게 있을 수 있다. 그것을 잊지 말라고 사람들에게 요구할 때, 사람들이 이 요구에 부응하지 않더라도, 그런 요구는 여전히 타당하며, 가령 신이라면 이 요구에 부응할 것이다. 신은 그 어떤 것도 잊지 않을 테니. 언어에 있어서도 그런 것이 있다고 벤야민은 말한다. 최상의 의미. 알아보는 사람이 아무도 없더라도 존재하는 의미. 애당초 인간에게만 관련되

기했다. 하지만 그 문제 자체를 포기하지는 않았으며, 땅속 깊은 곳에 숨은 수원에서 천공하여 물을 얻듯, 본질적인 것을 얻기 위해 인용의 형태로 천공하는 방법을 포기하지 않았다. 이 방법은 의례적 주문의 근대적 등가물과도 같다. 그리고 이제 그 주문을 통해 소환되는 것은, 언제나, 살아있는 눈에서 진주로, 살아있는 뼈에서 산호로 셰익스피어적 "바다-변화"를 겪은 것이다. 벤야민에게, 인용하기는 명명하기다. 그리고 말하기보다는 명명하기가, 문장보다는 단어가 진리를 밝힌다. 『독일 비애극의 원천』 서론에서 읽을 수 있듯, 벤야민은 진리를 전적으로 청각적 현상으로 간주했다. 사물들에게 이름을 부여한 "플라톤이 아니라 아담"이 그에게는 "철학의 아버지"였다.[116] 따라서 전통이란 이 명명하는 단어들이 전수되는 형식이었다. 그리고 전통 역시 본질적으로 청각적인 현상이다. 그는 자신이 카프카와 아주 가깝다고 느꼈는데, 이는 당시의 오해들에도 불구하고 카프카

어 있는 게 아니었다면 존재하는 의미. 사람들이 알아보지 못해도, 신이 알아볼 의미.

116 『독일 비애극의 원천』, 49쪽.

역시 "원시안도 '예지력'도" 없었고, 오히려 전통을 경청했으며, "경청하는 사람은 보지 않"기 때문이다 (「막스 브로트의 카프카 전기」).[117]

벤야민의 초기 철학적 관심이 왜 언어철학에 전적으로 집중되었는지, 그리고 왜 마침내 인용을 통한 명명하기가 그에게 전통의 도움 없이 과거를 다루는 유일하게 가능하고 적절한 방식이 되었는지 그럴 만한 이유가 있다. 어떤 시대건 과거가 우리 시대 정도로까지 의심스러워진 시대는 언어라는 현상에 직면하게 된다. 언어 안에 과거가 근절 불가능하게 포함되어 있으며, 그렇기에 과거를 최종적으로 제거하려는 일체의 시도는 좌초되고 마니까. 그리스의 "폴리스[polis]"는 우리가 "정치[politics]"라는 말을 사용하는 한 우리의 정치적 실존의 바닥에, 즉 바다 밑바닥에, 계속 실존할 것이다. 이것이 의미론자들이, 그럴 만한 이유로 언어를 과거가 몸을 숨기는 단 하나의 방어벽이라고 — 그들 말로는, 언어의 혼동이라고 — 공격하면서, 이해하지 못하는 점이다. 그들은 절대적으

---

[117] 이 표현들은 1938년 6월 12일, 숄렘에게 쓴 편지에 나온다.

로 옳다. 즉 모든 문제는 궁극적으로 언어적 문제다. 그들은 그저 그로써 자신들이 무슨 말을 하고 있는지 알지 못할 뿐이다.

하지만 벤야민은, 아직 비트겐슈타인의 후계자들은 말할 것도 없고 비트겐슈타인을 읽었을 리 없지만, 바로 이러한 것들에 대해 상당히 많은 것을 알고 있었는데, 왜냐하면 처음부터 진리의 문제는 그에게 "들려야 하는 계시, 즉 형이상학적으로 청각적인 영역에 놓여 있는 계시"로서 제시되었기 때문이다. 그러므로 그에게 언어는 일차적으로 인간을 다른 살아 있는 존재들과 구별 짓는 말이라는 선물이 아니었으며, 오히려 반대로 "말이 생겨나는 원천으로서의 … 세계 본질"이었는데(*Briefe* I, 197),[118] 우연히도 이는 "인간은 말하는 자인 한에서만 말할 수 있다"[119]라는 하이데거의 입장과 아주 가깝다. 그리하여 "모든 사유가 얻으려고 노력하는 마지막 비밀들이 긴장 없이, 그리고 서로 침묵하며 그 속에서 보존되어 있는

---

118 1918년 6월 17일, 숄렘에게.

119 하이데거, 「헤겔과 그리스인들」, 『이정표 2』, 이선일 옮김, 한길사, 2005, 271쪽.

진리의 언어"가 있다(「번역자의 과제」).[120] 그리고 그것은 우리가 하나의 언어에서 또 다른 언어로 번역하는 순간 생각 없이 그 실존을 가정하는 "진정한 언어"다. 바로 그 때문에 벤야민은 그의 에세이 「번역자의 과제」 중앙에 말라르메에게서 가져온 놀라운 인용문을 놓는다. 구어들의 다수성과 다양함은, 말하자면 바벨 같은 소란으로 인해, "불멸의 말"을 질식시키며, 심지어 "생각하기는 장식이나 속삭임 없는 쓰기"이기에 불멸의 말을 생각하는 것조차 불가능하며, 그리하여 진리의 목소리가 물질적·유형적 명증성의 힘을 가지고서 지상에서 들리는 것을 가로막는다.[121] 벤야민이 이후에 이 신학적·형이상학적 확신에서 어떤 이론적 수정을 했든 간에, 그의 모든 문학 연구에 결정적인 기본 접근법은 변함없이 남아 있었다. 그것은 언어적 창조물들의 공리주의적이거나 소통적인 기능을 탐구하지 않고, 그것들을 결정

---

120 『선집 6』, 134쪽.

121 같은 곳. 벤야민은 말라르메의 「운문의 위기」의 한 구절을 불어로 인용하는데, 아렌트는 조금 뒤에 벤야민이 인용하지 않은 마지막 문장을 제시하고 있다.

화된 따라서 궁극적으로 파편적인 형태로 "세계 본질"의 비의도적이고 비소통적인 발화로서 이해하는 것이었다. 이것은 그가 언어를 본질적으로 시적인 현상으로서 이해했다는 것 말고 다른 무엇을 의미하겠는가? 그리고 이것은 정확히 그가 인용하지 않은 말라르메의 경구의 마지막 문장이 매우 명료하게 말하는 것이다. "Seulement, sachons n'existerait pas le vers: lui, philosophiquement remunère le défaut des langues, complément supérieur" — 시가 존재하지 않았다면 이 모두는 참이었다, 언어들의 결함을 철학적으로 보상해주는 시는 언어들의 우월한 보완물이다.[30] 이 모든 것은, 약간 더 복잡한 방식이긴 하지만, 결코 내가 앞서 언급한 것 이상을 말하지 않는다. 즉 우리가 여기서 유일무이하지는 않더라도 확실히 극도로 드문 어떤 것을 다루고 있다는 것. 그것은 바로 **시적으로 생각하기**라는 재능이다.

그리고 현재에 의해 부양되는 이 생각하기는 과거로부터 탈취하여 자기 주위에 불러 모을 수 있는 "사유 조각들"을 가지고서 작업한다. 바닥을 파헤쳐 빛에 드러내기 위해서가 아니라 심연에 있는 풍요롭고 낯선 것, 진주와 산호를 캐내어 수면으로 옮기기 위해 바다 밑바닥으로 내려가는 진주 잠수부처럼, 이 생각하기는 과거의 심연 속을 뒤진다. 하지만 그것을 과거 그대로 부활시키고 사라진 시대의 재생에 공헌하기 위해서가 아니다. 이 생각하기를 안내하는 것은 살아있는 것이 시간의 붕괴 작용을 겪지만 그럼에도 부패 과정은 동시에 결정화 과정이라는 확신이다. 한때 살아있던 것이 가라앉아 분해되는 바다 깊은 곳에서 어떤 것들은 "바다-변화를 겪고" 비바람에 면역이 있는 새로운 결정화된 형태와 모양으로 — 마치 어느 날 그곳으로 내려와서 "사유 조각들"로서, "풍요롭고 낯선" 어떤 것으로서, 그리고 어쩌면 심지어 변치 않는 원현상으로서, 살아있는 것들의 세계로 길어 올릴 진주 잠수부만을 기다리는 듯 — 살아남는다는 확신.

| 후주 |

[1] Walter Benjamin, *Schriften*, Frankfurt a. M., Suhrkamp Verlag, 1955, 두 권과 *Briefe*, Frankfurt a. M., 1966, 두 권. 앞으로는 이 판본을 참조할 것이다.

[2] Yearbook of the Leo Baeck Institute, 1965, p. 117.

[3] 앞의 글.

[4] 소요객에 대한 고전적 묘사는 콩스탕탱 기스에 대한 보들레르의 유명한 에세이 「현대의 삶을 그리는 화가 Le Peintre de la vie moderne」에 나온다. Pléiade edition, pp. 877-83 참조. 벤야민은 이 글을 간접적으로 반복해서 참조하며, 보들레르 에세이에서는 인용을 한다.

[5] 두 명 다 최근에 이를 되풀이했다. 숄렘은 1965년 레오 벡 기념 강연에서. 이 강연에서 그는 이렇게 말했다. "나는 30년대에 브레히트가 벤야민의 산출물에 미친 영향을 해로운 것으로, 그리고 어떤 측면에서는 재앙적인 것으로 생각하고 싶다." 그리고 아도르노는 제자 롤프 티데만에게 했던 진술에서. 그 진술에 따르면, 벤야민은 "그의 예술작품 에세이를 그가 두려워했던 브레히트를 급진주의에 있어 능가하기 위해" 썼다는 것을 아도르노에게 시인했다(Rolf Tiedemann, *Studien zur Philosophie Walter Benjamins*, Frankfurt, 1965, p. 89에서 인용). 벤야민이 브레히트에 대한 두려움을 표출했다는 것은 개연성이 없다. 그리고 아도르노는 벤야민이 정말 그랬다고 주장하는 것 같지는 않다. 그 진술의 나머지와 관련해서는, 불행하게도 벤야민은 아도르노

141

가 두려워 그런 진술을 한 것이 거의 확실하다. 벤야민이 젊었을 때부터 알아온 게 아닌 사람들을 대하는 데 아주 수줍어했다는 것은 사실이다. 하지만 그는 다만 그가 의존하는 사람만을 두려워했다. 파리를 떠나 물가가 훨씬 더 싼 덴마크의 브레히트 가까이로 이사하라는 브레히트의 제안을 따랐다면, 그와 같은 의존이 생겨났을 것이다. 나중에 밝혀졌듯이, 벤야민은 "꽤나 친숙하지 않은 언어"를 쓰는 낯선 나라에서의 그처럼 전적인 "한 사람에 대한 의존"에 대해 심각한 의구심을 가지고 있었다(*Briefe* II, 596, 599). [1933년 12월 30일, 그레텔 아도르노에게.][*]

[6] In the review of the *Dreigroschenroman*. Cf. *Versuche über Brecht*, Frankfurt, 1966, p. 90. ["Brechts Dreigroschenroman", *GS* 3, 446]

[7] 이제 거의 모든 것이 구조된 것으로 보인다. 파리에 숨긴 원고들은 벤야민의 지시에 따라 테오도르 W. 아도르노에게 보내졌다. 티데만(앞의 책, p. 212)에 따르면, 그 원고들은 이제 프랑크푸르트에 있는 아도르노의 "개인 수집품"으로 있다. 텍스트 대부분의 사본이 또한 예루살렘에 있는 게르하르트 숄렘의 개인 수집품으로 있다. 게슈타포가 압수한 자료들은 독일 민주주의 공화국에서 되찾게 되었다. Rosemarie Heise, "Der Benjamin-Nachlass in Potsdam", *alternative*, October-December, 1967 참조.

[8] Cf. "Walter Benjamin hinter seinen Briefen," *Merkur*, March, 1967.

[9] Cf. Pierre Missac, "L'Eclat et le secret: Walter Benjamin," *Critique*, Nos. pp. 231-32, 1966.

[10] 막스 리히너는, 최근에 사망한 『신스위스 전망Neue Schweizer Rundschau』편집장인데, 당시의 지성적 삶에서 가장 교양 있고

---

* [ ]는 옮긴이주이다.

가장 세련된 인물 중 한 명이었다. 아도르노, 에른스트 블로흐, 숄렘처럼, 그는 1960년 9월 『달Der Monat』지에 「벤야민을 추모하며Erinnerungen an Walter Benjamin」를 발표했다.

[11] 같은 글.

[12] 이런 문제들에 대한 관점이 동시대인 그 누구의 관점보다 더 현실주의적이었던 카프카는 이렇게 말했다. "많은 사람들이 정신적 자양분을 얻는 이 아버지 콤플렉스는 … 아버지의 유대 정신과 관련되어" 있으며, 아들이 유대인 울타리를 떠나는 것에 대한 "아버지들의 불분명한 동의(이 불분명함은 분노가 치미는 것이었어)"와 관련되어 있다: "뒷발로는 여전히 아버지의 유대 정신에 들러붙어 있었고, 앞발로는 새로운 땅을 발견하지 못했지"(Franz Kafka, *Briefe*, p. 337). [프란츠 카프카, 『행복한 불행한 이에게: 카프카의 편지 1900~1924』, 서용좌 옮김, 솔출판사, 2004, 669-70쪽.]

[13] 같은 책, p. 55. [같은 책, 127-28쪽. 1907년 10월 말, 빈의 헤트비히 바일러에게.]

[14] 같은 책, p. 339. [같은 책, 673쪽. 1921년 가을, 엘리 헤르만에게.]

[15] 같은 책, p. 337. [같은 책, 669쪽. 1921년 6월, 막스 브로트에게.]

[16] 같은 책, pp. 336-38. [같은 책, 668, 670쪽. 1921년 6월, 막스 브로트에게.]

[17] Franz Kafka, *Tagebücher*, p. 42. [프란츠 카프카, 『카프카의 일기』, 장혜순 외 옮김, 솔출판사, 2017, 28쪽. 1911년 2월 19일.]

[18] Franz Kafka, *Briefe*, p. 347. [『행복한 불행한 이에게』, 685쪽. 1921년 가을, 엘리 헤르만에게.]

[19] 같은 책, p. 378. [같은 책, 735쪽. 1922년 도착 우편 소인: 6월 30일, 막스 보로트에게.]

[20] 1934년 파리에서 한 강연 「생산자로서의 작가」. 여기서 벤야

민은 지식인 좌파에 대한 이전 에세이를 인용한다. *Versuche über Brecht*, p. 109 참조. [「생산자로서의 작가」, 『발터 벤야민의 문예이론』, 265쪽. 벤야민이 여기서 인용하는 자기 글은 1931년 『게젤샤프트Die Gesellschaft』에 실린 「좌익의 우울 Linke Melancholie」이다(*GS* 3, 280 / *SW* 2, 424).]

[21] Max Brod, *Franz Kafkas Glauben und Lehre*, Winterthur, 1948에서 인용.

[22] 예를 들어 브레히트는 벤야민에게 카프카 에세이가 유대인 파시스트에게 도움과 위안을 준다고 말했다. *Versuche*, p. 123 참조. [「브레히트와의 대화」, 『발터 벤야민의 문예이론』, 반성완 옮긴, 민음사, 1992, 46쪽.]

[23] Franz Kafka, *Briefe*, p. 183. [『행복한 불행한 이에게』, 415쪽. 1917년 10월 12일, 막스 브로트에게.]

[24] 앞서 언급된 논문에서 피에르 미사크는 동일한 구절을 다루면서 이렇게 쓴다. "그와 같은 [하만과 훔볼트의 계승자가 되는] 성공의 가치를 이해하지 않고서도, 우리는 벤야민 역시 마르크스주의에서 도피 수단을 찾고 있었다고 생각할 수 있을 것이다."

[25] 우리는 즉시 브레히트의 시 「불쌍한 베베」가 떠오른다. "이 도시들로부터 남을 것은, 그곳을 가로질러 지나간 바람뿐이다! / 즐겁게 집은 먹는 사람을 만들고, 먹는 사람은 집을 비워버린다. / 우리는 알고 있다. 우리가 잠시 지나가 버리는 존재라는 것을 / 그리고 우리의 뒤에도 이렇다 할 만한 것은 오지 않으리라는 것을"(*The Manual of Piety*, New York, 1966). [브레히트, 『살아남은 자의 슬픔』, 김광규 옮김, 한마당, 2014, 53쪽.] 「그」라는 제목의 "1920년의 기록"에 나오는 놀라운 경구 또한 주목할 만한 가치가 있다: "모든 것, 그가 행하는 모든 게 그에게는 비상히 새롭게 보인다. 그러나 또한, 새로운 것의 이 불가사의한 변화는 불가능해 보이고, 인간 누대累代의 사실을 깨

뜨리는 것으로 보이고, 지금까지 늘 적어도 예감할 수 있었던 세계의 음악을 처음으로 바닥까지 속속들이 깨뜨리는 것으로 보인다. 이따금 그의 교만 속에는 그 자신보다 세계에 대한 불안이 들어 있다." [프란츠 카프카, 『법 앞에서』, 전영애 옮김, 민음사, 2017, 155쪽.]

이러한 기분의 전신은 다시금 보들레르다. "세상이 끝나간다. 세상이 계속될 수 있을지도 모를 한 가지 이유가 있다면 그것이 존재한다는 것뿐. 그 반대를 말하는 모든 이유들과 비교해 보자면 이유치곤 한심하지 않은가. 특히 이런 이유를 들어본다면: 이 하늘 아래 세상이 앞으로 해야 할 일이 무엇일까? … 간혹 내 안에서 예언자의 어리석음을 느끼곤 하는 나는 의사의 자비 따위는 찾지 않으리라는 걸 안다. 이 빌어먹을 세상에서 길을 잃고 군중에 떠밀린 나는 그저 지쳐 버린 한 인간일 뿐. 저먼 과거를 돌아보면 환멸과 회한 말고는, 앞을 보자면 배움도 고통도, 새로울 것이라곤 아무것도 없는 폭풍우밖에 보이지 않는다"(*Journaux intimes*, Pléiade edition, pp. 1195-97).

[26] Cf. Kafka, *Briefe*, p. 173. [『행복한 불행한 이에게』, 399쪽. 1917년 9월 말, 막스 브로트에게.]

[27] 발췌본은 대역판으로 『우화와 역설』이라는 제목으로 나왔다 (*Parables and Paradoxes*, Schocken Books, New York, 1961).

[28] Benjamin, "Lob der Puppe," *Literarische Welt*, Jan. 10, 1930. [*GS 3*, 216]

[29] Martin Heidegger, *Kants These über das Sein*, Frankfurt, 1962, p. 8 참조. [하이데거, 『이정표 2』, 이선일 옮김, 한길사, 2005, 215쪽.]

[30] 말라르메의 경구는 "운문의 위기Crise des vers"라는 부제가 달려 있는 『한 주제에 대한 변주들Variations sur un sujet』, Pléiade edition, pp. 363-64 참조.

지은이 **한나 아렌트**

정치이론가, 정치철학자, 정치미학자 등 다양한 호칭으로 불리는
20세기 최고의 지성. 1906년 독일에서 태어났으며, 1929년 하이
델베르크대학교에서 박사학위를 취득하였고, 1933년 히틀러 정
권의 박해를 피해 파리로 망명했다. 1941년 미국으로 이주한 후
강의와 집필 활동을 했으며, 1975년 뉴욕에서 생을 마감했다. 저
서로『전체주의의 기원』,『인간의 조건』,『예루살렘의 아이히만』,
『어두운 시대의 사람들』,『책임과 판단』 등이 있다.

옮긴이 **이성민**

철학자. 서울대 영어교육학과를 졸업하고 서울시립대 철학박사
과정을 수료했다. 중학교 영어교사로 재직하다가 교직을 접고 오
랫동안 철학, 미학, 심리학, 인류학 등을 공부했으며, 관심 분야의
집필과 번역 작업을 해왔다. 저서로『사랑과 연합』,『일상적인 것
들의 철학』 등이 있고, 번역서로는 줄리엣 미첼의『동기간: 성과
폭력』, 슬라보예 지젝의『까다로운 주체』 등 10여 권이 있다.

발터 벤야민: 1892-1940

초판 1쇄 발행 | 2020년 8월 15일
초판 2쇄 발행 | 2022년 10월 1일

지은이 | 한나 아렌트
옮긴이 | 이성민
펴낸이 | 이은성
펴낸곳 | 필로소픽
편 집 | 백수연, 구윤희
디자인 | 백지선

주소   서울시 종로구 창덕궁길 29-38, 4-5층
전화 | (02) 883 - 9774
팩스 | (02) 883 - 3496
이메일 | philosophik@naver.com
등록번호 | 제2021-000133호

ISBN 979-11-5783-192-0 93100

필로소픽은 푸른커뮤니케이션의 출판브랜드입니다.